Jörg Wetterich, Stefan Eckl

Sport und Bewegung in Dreieich

Sportentwicklungsplanung und Politikberatung

herausgegeben von

Jörg Wetterich, Henrik Schrader, Stefan Eckl
Institut für Kooperative Planung und Sportentwicklung

Band 3

LIT

Jörg Wetterich, Stefan Eckl

Sport und Bewegung in Dreieich

Sportverhalten, Bilanzierung und Kooperative Planung

LIT

Bibliografische Information Der Deutschen Bibliothek
Die Deutsche Bibliothek verzeichnet diese Publikation in der Deutschen Nationalbibliografie; detaillierte bibliografische Daten sind im Internet über http://dnb.ddb.de abrufbar.

ISBN 3-8258-9393-6

© LIT VERLAG Berlin 2006
Auslieferung/Verlagskontakt:
Grevener Str./Fresnostr. 2   48159 Münster
Tel. +49 (0)251–620320   Fax +49 (0)251–231972
e-Mail: lit@lit-verlag.de   http://www.lit-verlag.de

Inhalt

1	**Einleitung**	**8**
2	**Grundlagen und Verfahren einer zukunftsfähigen Sportentwicklungsplanung**	**11**
2.1	Ziele kommunaler Sportentwicklungsplanung	11
2.1.1	Sportstätten und Bewegungsräume	13
2.1.2	Sportangebote und Organisationsformen	14
2.2	Planungsverfahren in der kommunalen Sportentwicklungsplanung	17
2.2.1	Vom „Goldenen Plan" zum „Leitfaden für die Sportstättenentwicklungsplanung"	17
2.2.2	Kooperative Planung	18
2.2.3	Quantitative Analyse und kooperative Planung - der Planungsprozess in Dreieich	21
3	**Bestandsaufnahme - Planungsgrundlagen**	**24**
3.1	Bevölkerung der Stadt Dreieich	24
3.2	Sportvereine in Dreieich	25
3.2.1	Anzahl der Vereine und Mitgliederstruktur	25
3.2.2	Vereinskategorien	27
3.2.3	Abteilungsstruktur	28
3.2.4	Fußballsport in Dreieich	30
3.3	Sport- und Bewegungsräume in Dreieich	31
3.3.1	Zur Klassifizierung von Sport- und Bewegungsräumen	31
3.3.2	Sport- und Bewegungsräume im gesamtstädtischen Überblick	32
4	**Das Sport- und Bewegungsverhalten in Dreieich**	**34**
4.1	Zur Rolle von empirischen Sportverhaltensstudien im Rahmen von Sportentwicklungsplanungen	34
4.2	Das Verfahren der Bürgerbefragung und die Qualität der Stichprobe	35
4.2.1	Design der Sportverhaltensstudie	35
4.2.2	Qualität der Stichprobe	36
4.3	Grunddaten zur sportlichen Aktivität der Bevölkerung	40
4.3.1	Grad der sportlichen Aktivität	40
4.3.2	Einordnung der sportlichen Aktivität	42
4.3.3	Wettkampfsport und Freizeitsport	43

4.3.4 Quote der regelmäßig aktiven Sportlerinnen und Sportler 44
4.3.5 Motive für sportliche Aktivität 45
4.3.6 Gründe für Inaktivität 48

4.4 Die Sport- und Bewegungsaktivitäten der Bevölkerung in Dreieich .. 50
4.4.1 Ausgeübte Sport- und Bewegungsaktivitäten 50
4.4.2 Häufigkeit und Dauer der sportlichen Aktivitäten 56
4.4.3 Orte der Ausübung von sportlichen Aktivitäten 56
4.4.4 Organisatorischer Rahmen der sportlichen Aktivitäten 59
4.4.5 Anfahrt zu den Sport- und Bewegungsaktivitäten 60

4.5 Meinungen und Einstellungen der Dreieicher zum Sportleben in ihrer Stadt 64
4.5.1 Beurteilung vorhandener Angebote, Sportstätten und Sportgelegenheiten 64
4.5.2 Präferenzen der Bürgerinnen und Bürger im Sportstättenbau 67
4.5.3 Präferenzen der Bürgerinnen und Bürger bei Sportangeboten 70

4.6 Mögliche Verbesserungen und Wünsche 72
4.6.1 Fehlende Angebote 72
4.6.2 Fehlende Sporträume 74

4.7 Sportvereine im Spiegel der Meinungen 75
4.7.1 Zur Bewertung der Sportvereine in Dreieich 75
4.7.2 Sportvereinsmitgliedschaft im Überblick 80

4.8 Fazit 82

5 Bilanzierung des Sportstättenbedarfs 86

5.1 Planungsschritte und -parameter 86

5.2 Bilanzierung Außensportanlagen 93

5.3 Bilanzierung Hallen und Räume für den Sport der Bevölkerung 99
5.3.1 Bilanzierung Gymnastikräume / nutzungsoffene Räume 101
5.3.2 Bilanzierung Einzelhallen 102
5.3.3 Bilanzierung Zwei- und Dreifachhallen 104

5.4 Bilanzierung Hallen und Räume für den Schulsport 106

5.5 Bilanzierung Tennissportfreianlagen 107

5.6 Zusammenfassung 108

6	**Planungsprozess und Handlungsempfehlungen**	**110**
6.1	Die Zusammensetzung der Planungsgruppe	110
6.2	Der Planungsprozess im Überblick	110
6.3	Die Entwicklung von Maßnahmen in ausgewählten Themenschwerpunkten	112
6.3.1	Informelle Bewegungsräume sowie Lauf-, Rad- und Inlinermöglichkeiten	112
6.3.2	Außensportanlagen	116
6.3.3	Hallen und Räume	120
6.3.4	Organisationsstrukturen des Sports	123
6.3.5	Angebotsstrukturen	127
7	**Fazit und Ausblick**	**129**
7.1	Zur Bewertung der Handlungsempfehlungen	129
7.2	Zur Bewertung des Planungsprozesses	133
7.3	Die Einordnung des „Leitfadens" in das Verfahren der „Kooperativen Planung" – ein zukunftsorientiertes Modell für die kommunale Sportentwicklungsplanung	135
8	**Literatur**	**138**

1 Einleitung

Mit ihrer Entscheidung, das Projekt „Sportentwicklungsplanung" ins Leben zu rufen, hat die Stadt Dreieich den Anstoß zu einer zukunftsorientierten Sportpolitik gegeben. Mit dem Ziel der „sport- und bewegungsgerechten Stadt Dreieich" sollen Angebote, Organisationsformen und Sport- und Bewegungsräume optimiert und zukunftsgerecht gestaltet werden – und das unter Einbeziehung der Bevölkerung, lokaler Expertinnen und Experten sowie auf der Basis wissenschaftlicher Erkenntnisse.

Dieser breite Ansatz in der Sportentwicklungsplanung ist heute ein Gebot der Zeit. Angesichts des rasanten Wandels der Gesellschaft und der Ausdifferenzierung des Sports sind Fragen danach, welche Art von Sport- und Bewegungsräumen oder Sportangeboten den Wünschen und Bedürfnissen der Bevölkerung jetzt und in Zukunft entsprechen, immer schwieriger zu beantworten.

Sportentwicklungsplanung mit dem Ziel der Schaffung einer sport- und bewegungsgerechten Stadt stellt sich angesichts der Vielfalt menschlichen Bewegungslebens und Sporttreibens als vielschichtiges und komplexes Aufgabenfeld dar. Die Stadtverwaltung steht daher in der Verantwortung, Sportentwicklungsplanung nicht mehr auf die quantitative Berechnung von fehlenden oder überschüssigen Sportflächen, die Verwaltung bestehender Sport- und Bädereinrichtungen und die formalistische Verteilung finanzieller Fördermittel zu reduzieren, sondern ihren Fürsorgeanspruch auf das Sport- und Freizeitleben aller Bürgerinnen und Bürger auszudehnen. Angesichts der Herausbildung neuer Sport- und Bewegungsbedürfnisse erscheint eine Weiterentwicklung der bisherigen Sportstrukturen sowohl im organisierten Sport als auch auf kommunaler Ebene dringend geboten. Aufgrund der Wechselbeziehungen zwischen Sporträumen, Sportinhalten und Organisationsformen des Sports hat eine bedürfnisgerechte und zukunftsorientierte Sportentwicklungsplanung die Angebotsstruktur, die räumliche Infrastruktur und die Organisationsstruktur des kommunalen Sports einzubeziehen.

Dieses hochgesteckte Ziel erfordert vermehrte organisatorische und zeitliche Anstrengung sowie einen integrativen Ansatz, der Verwaltung und externe Institutionen netzwerkartig in die Projektarbeit einbindet. Die ressortübergreifende Zusammenarbeit der Stadtverwaltung, die enge Einbeziehung des organisierten Sports und anderer gesellschaftlicher Gruppen sowie die wissenschaftliche Begleitung und Beratung bilden die Grundvoraussetzungen einer erfolgreichen Arbeit. Die Stadt Dreieich legte von Anfang an Wert darauf, mit dem Projekt „Sportentwicklungsplanung in Dreieich" eine längerfristige Stadtentwicklung anzustoßen, bei der die Belange der verschiedenen Fachbereiche der Stadt adäquat berücksichtigt werden. Aus diesem Grund wurde das Projekt vom Fachbereich Planung und Bau in enger Abstimmung mit anderen Fachbereichen und Referaten der Stadtverwaltung koordiniert und in Auftrag gegeben.

Das Dreieicher Projekt trägt der kommunalpolitischen Einsicht Rechnung, dass die tradierten Formen sportpolitischer Entscheidungsprozesse und sportbezogener Investitionen den neuen Anforderungen und Herausforderungen im Sport nicht immer gerecht werden. Wer in Zeiten des strukturellen Umbruchs die richtigen (und damit auch preiswertesten) Entscheidungen hinsichtlich einer nachhaltigen Sportentwicklung treffen möchte, bedarf möglichst zuverlässiger, empirisch abgesicherter Planungsgrundlagen und eines erprobten Planungsverfahrens.

Für die Entwicklung zukunftsfähiger Maßnahmenkonzepte wurden zwei deutlich unterscheidbare Zugangswege gewählt.

Anhand einer repräsentativen schriftlichen Befragung der Dreieicher Bevölkerung wurden zum einen zuverlässige und empirisch abgesicherte Daten zum tatsächlichen Sportverhalten der Jugendlichen und Erwachsenen, zur Situation der Sportvereine sowie zur Bewertung des vorhandenen Sportangebots und der Sportstätten erhoben, die als Grundlage der weiteren Arbeit dienten. Ergänzt wurde diese erste Projektphase durch die Bestandsermittlung der vorhandenen Sport- und Bewegungsräume sowie eine Aufarbeitung der Vereinsstruktur in Dreieich. Einen Abschluss fand die erste Projektphase durch die Bestands-Bedarfs-Bilanzierung zum Sportstättenbedarf in Dreieich.

Phase 2 des Projektes beschäftigte sich mit der Entwicklung von Handlungsempfehlungen für die zukünftige Entwicklung von Sport und Bewegung in Dreieich. Herzstück der Planung stellte das in Stuttgart entwickelte und vielfach erprobte Modell der „Kooperativen Planung" dar. Dieses nach den Grundsätzen der Lokalen Agenda 21 arbeitende Konzept beinhaltet als elementare Maxime die Vernetzung aller gesellschaftlicher Gruppen, die daran interessiert sind, die Stadt als lebenswerten und bewegungsfreundlichen Ort zu gestalten. Grundlegend ist hierbei die frühzeitige und kontinuierliche Einbindung unterschiedlicher lokaler Interessens-, Ziel- und Expertengruppen, deren spezifisches und lokales Wissen gleichberechtigt mit den empirisch ermittelten Daten in die Arbeit der lokalen Planungsgruppe eingeht. Dieses partizipatorische Konzept, das sich immer wieder als außerordentlich erfolgreich erwiesen hat, fand auch in Dreieich Anwendung.

Mit der Durchführung, wissenschaftlichen Begleitung und externen Moderation des Projektes „Sportentwicklungsplanung in Dreieich" wurde das Institut für Kooperative Planung und Sportentwicklung aus Stuttgart beauftragt. Nach einer neunmonatigen, stets auf Konsens bedachten und konsequent zielorientierten

Planungsphase lassen die in diesem Band dokumentierten Planungsergebnisse die Eckpfeiler der „sport- und bewegungsgerechten Stadt Dreieich" deutlich hervortreten. Das vorliegende Arbeitsergebnis konnte nur durch die konstruktive und sachkundige Kooperation mit den Vertreter/-innen der städtischen Fachbereiche und Referate sowie den Mitgliedern der Planungsgruppe erzielt werden.

Das vorliegende Buch gliedert sich wie folgt: Kapitel 2 umfasst eine sportwissenschaftliche Grundlegung zum Thema „Sportentwicklungsplanung" und enthält dabei Ausführungen über die Ziele kommunaler Sportentwicklungsplanung, eine Übersicht über Planungsverfahren und über die Anwendung des Modells der Kooperativen Planung in Dreieich.

Kapitel 3 thematisiert die Bestandserhebung der vorhandenen Sport- und Bewegungsräume, gibt einen Überblick über Struktur und Entwicklung der Sportvereine und enthält weitere Planungsgrundlagen wie etwa die Bevölkerungsstruktur. Kapitel 4 konzentriert sich auf die Darstellung der Ergebnisse der Sportverhaltensstudie. Der rechnerische Abgleich des Bedarfes mit dem Bestand an Sportstätten wird in Kapitel 5 ausführlich erörtert.

In Kapitel 6 werden der konkrete Ablauf des Planungsprozesses sowie die Planungsergebnisse in Form der verabschiedeten Handlungsempfehlungen, die in der kooperativen Planungsgruppe auf den verschiedenen Ebenen erarbeitet wurden, zusammengefasst. Eine abschließende Einschätzung des Projektes rundet in Kapitel 7 die Darstellung ab.

2 Grundlagen und Verfahren einer zukunftsfähigen Sportentwicklungsplanung

2.1 Ziele kommunaler Sportentwicklungsplanung

Die organisierte Sportbewegung, die kommunalen Entscheidungsträger und die öffentlichen Sportverwaltungen stehen heute vor der Aufgabe, ihre Ziele angesichts des gesellschaftlichen Wandels immer wieder aufs Neue zu definieren. Der demographische Wandel, sich verändernde Sportbedürfnisse, nicht mehr zeitgemäße und wenig genutzte Sportstätten, finanzielle Einbußen in der kommunalen Sportförderung, die weitere Verdichtung urbaner Räume bei gleichzeitigem Verlust wohnnaher Bewegungsmöglichkeiten oder der Konkurrenzdruck anderer Nutzungsinteressen und Flächenansprüche sind nur einige der sich ständig wandelnden Rahmenbedingungen, die die Sport- und Bewegungsmöglichkeiten in der Stadt entscheidend mitbestimmen. Die Verantwortlichen in Kommune und organisiertem Sport sehen sich mit der schwierigen Frage konfrontiert, welche Sportangebote, Organisationsformen des Sporttreibens und Sportstätten den Wünschen der Bevölkerung jetzt und in Zukunft entsprechen (vgl. Wetterich, 2002, S. 7).

Versucht man in einer vergleichenden Analyse die Ergebnisse von Untersuchungen und Sportverhaltensstudien aus ganz Deutschland zusammenzufassen, zeigt sich

- eine Vielfalt von Praxis durch eine Erweiterung des Sportartenspektrums und ein Trend hin zum selbstorganisierten, privaten und individuellen Sporttreiben (Individualisierung)
- eine Vielfalt von Sinnorientierungen (vom Leistungs- und Hochleistungssport über den Wettkampfsport im Verein bis zu Modellen des Gesundheits- und Fitnesssports)
- eine Vielfalt von Alters- und Zielgruppen, die spezifische Angebote, Organisationsformen und Bewegungsräume für ihre ganz unterschiedlichen Bewegungsbedürfnisse benötigen (z.B. Kinder, Frauen, Senioren)
- eine Vielfalt von Anbietern (Verlust des Organisations- und Deutungsmonopols der Sportvereine und -verbände)
- eine Vielfalt von Sport- und Bewegungsräumen im breiten Spektrum vom bewegungsfreundlichen Wohnumfeld bis hin zu Sportstätten für den Spitzensport.

Kommunale Sportentwicklungsplanung muss heute auf einem weiten Sportbegriff und einem umfassenden Verständnis von Bewegung basieren: Spitzen- und vereinsorientierter Wettkampfsport, Schul-, Freizeit- und Gesundheitssport, Trendsportarten der Jugendlichen sowie kindliches Bewegungsspiel stellen gleichberechtigte menschliche Bewegungsaktivitäten dar, die es ganzheitlich und umfassend zu fördern gilt.

Damit ist das Ziel einer „sportgerechten Stadt" (Eulering, 1986, S. 171), besser sport- und bewegungsgerechten Stadt, schon umschrieben. Die Stadt „soll als lebenswerter Ort gestaltet werden, als vernetzter Bewegungsraum, der für die Bürger aller Altersstufen in unterschiedlichen Lebensbereichen Gelegenheiten für körperliche Aktivitäten bietet. Eine an neuesten Erkenntnissen orientierte Sportentwicklungsplanung muss zum Ziel haben, ein engmaschiges und qualitativ hochwertiges Versorgungsnetz für Spiel- und Bewegungsaktivitäten aller Menschen auf- und auszubauen" (Wetterich, 2002, S. 14). Kommunale Sportentwicklungsplanung steht heute vor der Aufgabe, sich als integralen Bestandteil der Stadtentwicklungsplanung zu begreifen und nachhaltige und ausgewogene Lösungen für alle Bereiche von Bewegung und Sport in einer Kommune zu entwickeln.

Auf diese hier nur kurz skizzierte Aufgabe sind in der Regel weder die organisierte Sportbewegung noch die öffentlichen Sportverwaltungen und kommunalen Entscheidungsträger ausreichend vorbereitet. Nach wie vor wird in den Gemeinden und Städten eine Sportpolitik betrieben, die sich meist an den Bedürfnissen des Vereinssports orientiert. „Die in vielen Kommunen häufig bestehende einseitige Ausrichtung auf die Förderung des vereinsgebundenen Sports wird zugunsten einer umfassenden Planung von Bewegung, Spiel und Sport verändert werden müssen, um auf die veränderten Wünsche und Interessen in der Bevölkerung angemessen reagieren zu können" (Wopp, 2002, S. 184).

Umfassende Planung heißt, Sportentwicklung als mehrdimensionalen Ansatz aufzufassen, der die Angebotsstruktur, die räumliche Infrastruktur und die Organisationsstrukturen des Sports zu berücksichtigen hat. Jeder dieser drei Bereiche besitzt heute aufgrund der Ausdifferenzierung des Sportsystems größere Komplexität. Deshalb sollen in der nötigen Kürze wichtige Entwicklungslinien dargestellt werden.

2.1.1 Sportstätten und Bewegungsräume

Die städtische Infrastrukturentwicklung im Bereich des Sports ist bis heute zum großen Teil geprägt von der Errichtung von Sportanlagen für den Vereins-, Schul- und Wettkampfsport. Trotz des quantitativ durchaus respektablen Bestandes an diesen uns wohlvertrauten traditionellen Sportstätten ist damit nach heutigem Verständnis eine bewegungsfreundliche Umwelt im Sinne einer sport- und bewegungsfreundlichen Infrastruktur noch lange nicht gegeben.

Betrachtet man Bewegung, Spiel und Sport in dem oben erwähnten breiten Verständnis, wird deutlich, dass sich das Erscheinungsbild unserer Städte hinsichtlich ihrer Spiel-, Sport- und Bewegungsräume grundlegend ändern muss, da

- „bereits ein weitgehender Verlust von informellen Aktionsräumen im unmittelbaren Umfeld der Wohnungen zu verzeichnen ist,
- die vorhandenen Aktions- und Bewegungsräume für Kinder und Jugendliche meist weder den Bedürfnissen der Zielgruppe noch den pädagogischen Anforderungen und soziologischen Erkenntnissen entsprechen,
- die formell ausgewiesenen Storträume fast ausschließlich nach funktionellen Gesichtspunkten geplant und an den normierten Sportstättendesigns des Wettkampfsports orientiert sind und damit nur teilweise den Ansprüchen und Bedürfnissen der sporttreibenden Bevölkerung gerecht werden" (Wieland et al., 2001a, S. 14; vgl. Wetterich & Wieland 1995).

Eine nach Bewegungszonen bzw. -räumen differenzierte Betrachtung weist folgende, als völlig gleichberechtigt anzusehende Aufgaben und Ziele einer zukunftsorientierten Entwicklung kommunaler Bewegungsräume und Sportstätten aus:

- Die Reintegration von Spiel und Sport in das Alltagsleben der Menschen, insbesondere durch Maßnahmen im unmittelbaren Wohnumfeld
- Das Erschließen zusätzlicher Räume als informelle „Spiel- und Sportgelegenheiten" (Gehwege, Parkplätze, öffentliche und private Freiflächen, Parks etc.)
- Die Einrichtung, Öffnung und bewegungsanregende Gestaltung quartierbezogener informeller Bewegungsräume bzw. stadtteilbezogener Bewegungs- und Begegnungszentren (z.B. Schulhöfe, Freizeitspielfelder)
- Veränderungen, Neugestaltungen und Ergänzungen bei den formell ausgewiesenen Bewegungsflächen und regulären Sportstätten
- Erhalt und Weiterentwicklung der Sportstätten für den Spitzensport (vgl. Wieland et al., 2001a, S. 15).

Ebene 3
Stadtteilübergreifende Versorgung

Sportstätten für Spitzensport, Sondersportanlagen, Zentraler Sport- und Freizeitpark

Ebene 2
Stadtteilbezogene Versorgung

Sportstätten für den Breiten- und Wettkampfsport

Ebene 1
Dezentrale Grund-Versorgung

Offen zugängliche Bewegungsräume und Sportgelegenheiten in den Stadtteilen (Direktes Wohnumfeld, Spielstraßen, Plätze, Schulhöfe etc.) (Freizeitspielfelder)

Abbildung 1: Ebenenmodell Infrastruktur

Es ist anzustreben, dass möglichst viele dieser auf mehreren Ebenen liegenden Bewegungsräume miteinander vernetzt und gut erreichbar sind, so dass sowohl für die Heranwachsenden, die älteren Menschen als auch alle anderen Altersgruppen auf unterschiedlichem Anspruchsniveau organisch aufeinander aufbauende Bewegungs- und Sportmöglichkeiten und zusammenhängende Lebensräume zur Verfügung stehen. Ganz im Sinne der Sportministerkonferenz (2000), die fordert, „im Rahmen der Stadtentwicklungsplanung noch stärker als bisher neben der Errichtung von Sportanlagen Sportgelegenheiten zur vielfältigen Bewegungs- und Spielform sowie für Freizeit und Erholung im Alltag als auch sportlich nutzbare Wegesysteme, wie z.B. Rad- und Wanderwege, in die Wohngebiete und das städtische Umfeld zu integrieren" (SMK, 2002).

2.1.2 Sportangebote und Organisationsformen

Der Wandel des Sportsystems, charakterisiert durch die Individualisierung und Pluralisierung des Bewegungslebens, hat weitreichende Konsequenzen, nicht nur auf die Infrastruktur für Sport und Bewegung, sondern in stärkerem Maße als jemals zuvor auch auf die sportanbietenden Organisationen. Nicht nur sportimmanente Veränderungen rücken die Ebenen der Angebots- und Organisationsformen in den Mittelpunkt von Sportentwicklungsplanungen, sondern zunehmend auch die politischen Rahmenbedingungen, hier vornehmlich die zunehmend geringer werdenden Haushaltshaltsmittel der Kommunen.

Zwar ist mit den Sportvereinen in der Bundesrepublik nach wie vor ein dichtes Vertriebsnetz für Spiel, Sport und Bewegung vorhanden, jedoch haben sich in den letzten Jahrzehnten neue institutionelle Anbieter etabliert, die um „Kunden" werben. Hervorzuheben sind hier v.a. die Fitness- und Gesundheitsstudios, die die Bedürfnisse bestimmter Bevölkerungsgruppen sowie aktuelle Trends im Sportsektor aufnehmen und hier spezialisierte Angebote vorhalten. Sie reagieren flexibel auf die Wünsche der Kunden und stehen nicht nur in Konkurrenz zu den Sportvereinen, sondern auch untereinander. Neben den gewerblichen Anbietern von Sport und Bewegung haben sich Anbieter in anderer Trägerschaft etabliert. So haben viele Volkshochschulen im Gesundheitsbereich eine breite Angebotspalette, aber auch andere Anbieter wie das Deutsche Rote Kreuz oder Krankenkassen halten Zielgruppenangebote vor.

Die Differenzierung der Sportangebote und der Sportanbieter werfen für eine kommunale Sportentwicklungsplanung eine Fülle von Problemen auf, die zunehmend die kommunale Sportpolitik beschäftigen:

1. Dies bezieht sich zum Ersten auf Binnenentwicklungen im organisierten Sport. Die organisierte Sportbewegung steht vor der Aufgabe, flexibel auf neue Trends zu reagieren und ihre Angebotsstrukturen zu erneuern, um konkurrenzfähig zu bleiben. In diesem Zusammenhang müssen insbesondere große und mittlere Sportvereine ihr Selbstverständnis hinterfragen, ob sie sich weiterhin als Solidargemeinschaft traditionellen Zuschnitts oder verstärkt als Dienstleister für Sport und Gesundheit verstehen.

2. Eine besondere Bedeutung im Rahmen kommunaler Sportentwicklungsplanungen haben in der heutigen Zeit zielgruppenspezifische Sport- und Bewegungsangebote, die von ganz unterschiedlichen Trägern angeboten werden können. Darunter fallen zum einen altersspezifische Angebote (z.B. für Seniorinnen und Senioren, aber auch für Kinder im Sinne sportartübergreifender Kurse), zum andern Angebote mit besonderen inhaltlichen Akzentuierungen (z.B. Präventions-, Rehabilitationssport). Zunehmend gilt es, darüber hinaus geschlechtstypische Interessen und Alltagsbezüge zu berücksichtigen ebenso wie Integrationsbarrieren von gesellschaftlichen Minderheiten (Migrant/-innen, Körperbehinderte etc.).

3. Fragen der verbesserten Zusammenarbeit zwischen den Sportvereinen, aber auch die Kooperationen von Sportvereinen mit anderen Anbietern werden zunehmend evident, um durch Vernetzung und Ressourcensharing auf räumlicher, personeller und materieller Ebene Synergieeffekte zu erreichen und vorhandene Kompetenzen zu bündeln. Gemeinsame

Angebote beispielsweise im Leistungssportbereich (z.B. Trainings- und Spielgemeinschaften), eine gemeinsame Trägerschaft von besonderen Angeboten wie etwa eines Sportkindergartens bzw. einer Kindersportschule oder die gemeinsame Nutzung von Bewegungs- und Sportflächen sind in diesem Zusammenhang dringend zu diskutieren.

4. Darüber hinaus ist in vielen Kommunen aufgrund der gestiegenen Anforderungen über die Professionalisierung und Verberuflichung der Sportstrukturen nachzudenken. Hierunter fallen auch die Überlegungen über eine sinnvolle Aufgabenverteilung zwischen Vereinen und Kommunalverwaltung.

5. Die Optimierung der Anbieter- und Angebotsstrukturen ist nicht nur aus sportimmanenten, sondern auch aus haushaltspolitischen Gründen notwendig. Die Einnahmen der Gemeinden und Städte decken seit Jahren schon nicht mehr die Ausgaben. Der Unterhalt von Sportanlagen und die Förderung der gemeinnützigen Einrichtungen im Sport stellen einen beträchtlichen Posten im kommunalen Haushalt dar. Da in vielen Städten und Gemeinden in den nächsten Jahren der Spielraum für den Neubau von Sportanlagen nicht gegeben ist, muss man im Rahmen einer Entwicklungsplanung nicht nur die Frage nach dem Bedarf von neuen Anlagen stellen, sondern gleichzeitig Empfehlungen für die optimale Nutzung der vorhandenen Anlagen aussprechen. Die Neuregelung der Sportstättenbelegung bzw. die Frage nach einer Steuerung der Sportstättenbelegung über Nutzungsgebühren sind daher wichtige Punkte auf der Organisationsebene.

6. Letztendlich steht die kommunale Sportförderung insgesamt auf dem Prüfstand – unter der Fragestellung, wie Sport und Bewegung in einer Kommune in Zukunft gefördert werden sollen.

2.2 Planungsverfahren in der kommunalen Sportentwicklungsplanung

2.2.1 Vom „Goldenen Plan" zum „Leitfaden für die Sportstättenentwicklungsplanung"

Aufgrund der neuen und komplexen Aufgaben, die sich für die kommunale Sportentwicklungsplanung stellen, müssen auch die traditionellen und bestehenden Planungsverfahren einer kritischen Analyse unterzogen werden.

Nach Ende des Zweiten Weltkrieges und einer ersten Phase des Wiederaufbaus erwachte in den 50er Jahren die deutsche Sportbewegung und die Forderungen nach bedarfsgerechten Sportanlagen wurden immer lauter. Zwischen 1955 und 1960 wurde daher die Anzahl der verfügbaren Sportanlagen ermittelt (Ist-Werte) und den in den Richtlinien der Deutschen Olympischen Gesellschaft (DOG) aufgeführten Forderungen (Soll-Werte) gegenübergestellt. Das Ergebnis zeigte, dass ein großer Bedarf an zusätzlichen Sportstätten vorhanden war (vgl. Breuer, 1997, S. 55ff.). Aufgrund dieser Bestandsanalyse wurde ein längerfristiger Aktionsplan entworfen, der die Differenz zwischen dem ermittelten Bestand und dem Bedarf ausgleichen sollte – der „Goldene Plan". Damit rückte der Sportstättenbau in das Blickfeld der öffentlichen Versorgung. Berechnungsgrundlage war die einfache Formel: Quadratmetereinheiten pro Einwohner bezogen auf die Sportanlagen der Grundversorgung.[1] Der auf 15 Jahre Laufzeit ausgelegte Goldene Plan bewirkte bis 1976 eine beachtliche Steigerung der verfügbaren Sportanlagen.

Die Bedeutung und Wirkung des ersten Goldenen Planes für den Sportstättenbau in den 60er und 70er Jahren ist unumstritten. In einer beeindruckenden Aufbauleistung konnte eine an internationalen Standards gemessenen hervorragende Sportstätteninfrastruktur in der Bundesrepublik Deutschland geschaffen werden, die eine wesentliche Grundlage für die systematische Ausbreitung des Sports darstellte (vgl. Wetterich, 2002, S. 15). Nach dem faktischen Auslaufen des Goldenen Plans konnte von einer nahezu flächendeckenden Versorgung der Bevölkerung mit Sportstätten der Grundversorgung gesprochen werden. Zugleich erfolgte eine Expansion der Mitgliederzahlen in den Sportvereinen (1955: ca. 3,8 Mio.; 1980: ca.16,9 Mio.), ein Ansteigen der Anzahl der Sportvereine (mit zahlreichen Neugründungen: 1955: ca. 23.900; 1980: ca. 53.400) und nicht zuletzt auch eine Steigerung der sportlich Aktiven (vgl. Breuer, 1997, S. 130ff.). Die einwohnerbezogenen Eckdaten des „Goldenen Planes" stellten - mangels schlüssiger Alternativkonzepte - über 30 Jahre lang „das einzige aner-

---

[1] Unter Sportanlagen der Grundversorgung fallen Sportplätze, Gymnastik-, Turn- und Sporthallen, größere und kleinere Hallenbäder, Freibäder und Kinderspielplätze.

kannte Instrumentarium zur Sportstättenentwicklungsplanung in der Bundesrepublik Deutschland dar" (Hübner & Langrock, 1994a, S. 38) und sind als städtebauliche Orientierungswerte auch heute noch relevant (vgl. Eulering, 1998, S. 14).

Nach Auslaufen des Goldenen Plans existierte zunächst kein allgemein anerkanntes Instrument der Bedarfsbestimmung im Bereich der Sportstättenentwicklungsplanung mehr. Zwar führten viele Gemeinden, Städte und Kommunen ihre Berechnungen auf Grundlage der Formeln des Goldenen Planes fort, hatten aber oftmals das Problem, am tatsächlichen Bedarf vorbeizuplanen. Eine Abkehr von der richtwertfixierten Planung stellt der vom Bundesinstitut für Sportwissenschaft (BISp) erstellte „Leitfaden für die Sportstättenentwicklungsplanung" dar. Anfang der 90er Jahre wurde ein erster Vorentwurf präsentiert, seit 2000 ist der Leitfaden in der publizierten Form gültig. Ziel dieses Leitfadens ist die Berechnung von tatsächlichen Bedarfen, orientiert am Sportverhalten der Bevölkerung. Durch ein umfassendes und z.T. auch aufwändiges Berechnungsverfahren mit den Variablen Sportart, Sportler, Häufigkeit und durchschnittliche Dauer des Sporttreibens, Belegungsdichte und Betriebsdauer der Anlage werden Flächenbedarfe ermittelt und diese den vorhandenen Flächen gegenübergestellt. Anhand dieser Bestands-Bedarfs-Bilanzierung ergeben sich Anhaltspunkte für die Konzipierung weiterer Maßnahmen (vgl. BISp, 1991a; 1991b, 2000; Hartmann, 2000; Bach, 2001a; 2001b).

Der Leitfaden stellt einen Wechsel zu einer verhaltensorientierten Sportstättenentwicklungsplanung dar. Die Verfasser sind davon überzeugt, einen „praxisgerechten und zugleich wissenschaftlich fundierten Leitfaden" entwickelt zu haben, der „Vorteile bei der Anwendung in der Praxis" bietet und darüber hinaus eine „sachlich fundierte Begründung des Bedarfs an Sportstätten und sachgerechte Vorbereitung von Entscheidungen" (Hartmann, 2000, S. 18) ermöglicht.

2.2.2 Kooperative Planung

Mit dem „Leitfaden" existiert heute ein Planungsverfahren, das eine Berechnung des Sportanlagenbedarfs in einer Kommune ermöglicht, das jedoch in isolierter Anwendung nicht alle Anforderungen erfüllt, die sich angesichts der Dynamik der Sportentwicklung und der weit gefassten Ziele kommunaler Sportpolitik an zukunftsorientierte Planung stellen.

So finden weder Angebots- und Organisationsstrukturen des Sports noch informelle Bewegungsräume außerhalb normierter Flächen ausreichende Beachtung. Auch werden die im Zuge der Lokalen Agenda 21 geforderte fehlende Einbeziehung der Bevölkerung sowie die mangelnde Einordnung in andere Bereiche der

Stadtplanung und Kommunalpolitik kritisiert (vgl. zusammenfassend Eckl, Gieß-Stüber & Wetterich, 2005, S. 43ff.).

Diese Maßgaben erfüllt das Verfahren der „Kooperativen Planung",[2] das sich seit Mitte der neunziger Jahre in der kommunalen Praxis und in der Sportwissenschaft etabliert hat.

Zukunftsorientierte Sportentwicklungsplanung ist demnach nicht länger nur als quantitative Berechnung und als sektorale Fachplanung zu begreifen, sondern als kommunale „Querschnittsaufgabe" und als integraler Bestandteil einer zukunftsgerechten Stadtentwicklungsplanung. Unter dieser Maxime ist eine Vernetzung aller gesellschaftlichen Gruppen anzustreben, die daran interessiert sind, die Stadt als lebenswerten und bewegungsfreundlichen Ort zu gestalten: zum Beispiel Sportler, Familien mit Kindern, Ärzte, Pädagogen, Sportwissenschaftler, Stadtplaner, Grünplaner und Landschaftsarchitekten, Bürgergruppen, Kommunalpolitiker oder die Vertreter verschiedener städtischer Ämter (vgl. Schemel & Strasdas, 1998, S. 12f.).

Das aus anderen gesellschaftlichen Bereichen bekannte und vor dem Hintergrund theoretischer Netzwerkmodelle der Politikwissenschaft entworfene partizipatorische Konzept der Kooperativen Planung sieht ein Verfahren der konsensualen Entscheidungsfindung vor, bei dem von Anfang an Betroffene, politisch-administrative Funktionsträger, lokale Experten und die Vertreter sozialer Gruppen in den Planungsprozess, der extern moderiert und wissenschaftlich begleitet wird, eingebunden werden. Damit wird einerseits gewährleistet, dass unterschiedliche Sichtweisen in die Planung eingebracht werden; andererseits reiht sich die interdisziplinäre und ressortübergreifende Sportentwicklungsplanung damit ein in die umfassende Aufgabe der Entwicklung einer menschengerechten Stadtkultur (vgl. Wieland et al., 2001a, S. 44).

Die „Kooperative Planung" stellt lokale Planungsgruppen, die weitreichende Kompetenzen besitzen und verantwortlich und in weitergehender Selbständigkeit Handlungsempfehlungen für die Beschlussfassung in den lokalen Entscheidungsgremien erarbeiten, in das Zentrum des Planungsprozesses (vgl. Abbildung 2). Dabei ist eine ressortübergreifende Zusammenarbeit zwischen verschiedenen Ämtern der Stadtverwaltung ebenso vorgesehen und notwendig wie das Zusammenführen des wissenschaftlichen Orientierungswissens der Experten aus der Wissenschaft mit dem Erfahrungswissen der Experten aus dem Anwendungsfeld. Gerade die frühzeitige und kontinuierliche Beteiligung unterschiedlicher lokaler Interessens- und Zielgruppen am gesamten Planungsprozess

---

[2] Grundsätze und konkrete Vorgehensweise finden sich detailliert bei Wetterich & Klopfer, 2000, S. 19ff.; Wetterich, 2002, S. 22ff.

bietet die größte Chance, dass sich die Sportentwicklung an den Interessen und Bedürfnissen der Bevölkerung orientiert.

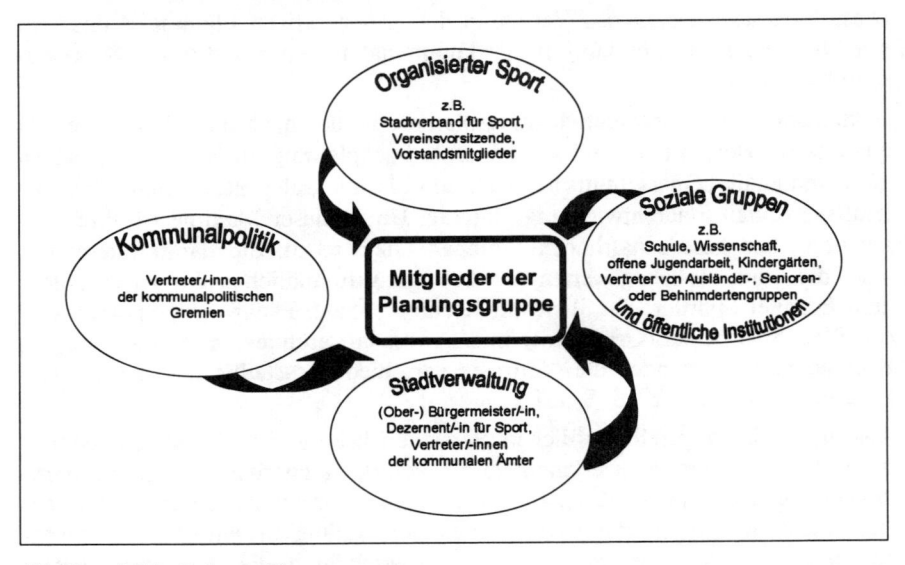

Abbildung 2: Mitglieder der Planungsgruppe

Das kooperative Planungsverfahren, das durch die Stichworte Kooperation, Subsidiarität, Interdisziplinarität und Offenheit charakterisiert werden kann (vgl. Klopfer & Wieland, 1995, S. 313ff.), versucht, durch Interessenausgleich und Konsensbildungsprozesse von der Bevölkerung akzeptierte Handlungsempfehlungen für die Gestaltung einer sport- und bewegungsgerechten Stadt zu entwickeln.

Die Planungsphase beginnt mit einer grundlegenden, unbeeinflussten Bedarfsermittlung, bei der dem Vorstellungsvermögen und der Kreativität der Teilnehmer keine Grenzen gesetzt sind, auch nicht durch finanzielle Aspekte. In dieser Sammel- bzw. Phantasiephase wird ein breiter Katalog von Wünschen und Vorstellungen erstellt, der noch nicht durch Machbarkeits- und Durchführungserwägungen eingeschränkt wird.

In der Arbeitsphase werden die Bedarfe der Expertengruppe nach ihrer Bedeutung geordnet und mit den Ergebnissen empirischer Untersuchungen konfrontiert. Anschließend werden mit Hilfe der Szenariomethode Zielperspektiven und Schwerpunktsetzungen erarbeitet. Konsensbildungsprozesse in homogenen und heterogenen Kleingruppen sowie im Plenum führen am Ende dieser Phase zu einem vorläufigen, idealtypisch von allen Teilnehmern getragenen Maßnahmenkatalog.

In der Schlussphase der Planung steht die Vorbereitung der Umsetzung der erarbeiteten Handlungsempfehlungen im Vordergrund. Dazu werden die Handlungsempfehlungen konkretisiert und priorisiert.

Nach Abschluss des Planungsprozesses werden die Planungsergebnisse in den zuständigen Gremien öffentlich präsentiert und zur Beschlussfassung vorgelegt. Die Klärung der Zuständigkeiten für die konkreten Umsetzungsmaßnahmen sowie eine Festlegung erster Schritte sollte vom Stadtparlament zügig vorgenommen werden, um ein baldiges Aufeinanderfolgen von Planung und Umsetzung zu gewährleisten.

Das kooperative Planungsverfahren, das speziell für die Planung von Sport- und Bewegungsräumen entwickelt und für die komplexeren Anforderungen kommunaler Sportentwicklungsplanung modifiziert wurde, wird seit Jahren in verschiedenen Modellprojekten angewandt und dabei einem wissenschaftlichen Prüfverfahren (Evaluation) unterzogen. In allen Modellprojekten hat die Planung in Form eines „runden Tisches" zu überzeugenden Lösungen und innovativen Ergebnissen geführt. Sie stellt ein effizientes Planungsverfahren dar, das in der Lage ist, komplexe Aufgaben im Bereich der Sportentwicklungsplanung zu bewältigen (vgl. Wetterich, 2002, S. 23).

2.2.3 Quantitative Analyse und kooperative Planung - der Planungsprozess in Dreieich

Die Planungskultur nach partizipatorischen Grundsätzen wird zumindest in größeren Städten gewinnbringend mit der quantitativen Sicherheit empirischer Sportverhaltensstudien, einer detaillierten Bestandsaufnahme und einer Bestands-Bedarfs-Bilanzierung verbunden. Besonders die repräsentativen Untersuchungen verbessern die Basis für die Arbeit der lokalen Planungsgruppen, weiten die Sichtweise über die Horizonte der beteiligten Gruppen und Institutionen hinaus aus und geben konkrete, zum Teil stadtteilspezifische Hinweise über Sportgewohnheiten und -bedürfnisse der Bevölkerung. Bevölkerungsbefragungen zum Sportverhalten sind heute ein gängiges Instrument, um bedarfsgerecht planen zu können.

Die Erkenntnisse über das Sportverhalten der Bevölkerung dienen außerdem dazu, den benötigten Sportstätten- bzw. den „Sportanlagenbedarf" nach der Vorgabe des „Leitfadens für die Sportstättenentwicklungsplanung" zu berechnen. Die Ergebnisse dieser Berechnungen gehen im hier zugrunde gelegten Planungsmodell wiederum als Datenbasis und Entscheidungsgrundlage in die Arbeit der kooperativen Planungsgruppe ein.

Insgesamt wird damit ein mehrperspektivisches und interdisziplinäres Verfahren angewandt, bei dem die quantitativ-deskriptiven Ergebnisse nur als eine der Informationsquellen in die Arbeit der lokale Planungsgruppe einfließen, die ihrerseits normative Entscheidungen zu treffen hat (vgl. Wetterich, 2002, S. 65f.).

Die Verknüpfung von quantitativen Datenanalysen mit dem Expertenwissen vor Ort bestimmte auch das Vorgehen in Dreieich. Aus Abbildung 3 geht hervor, in welche Einzelschritte sich das gesamte Projekt gliederte.

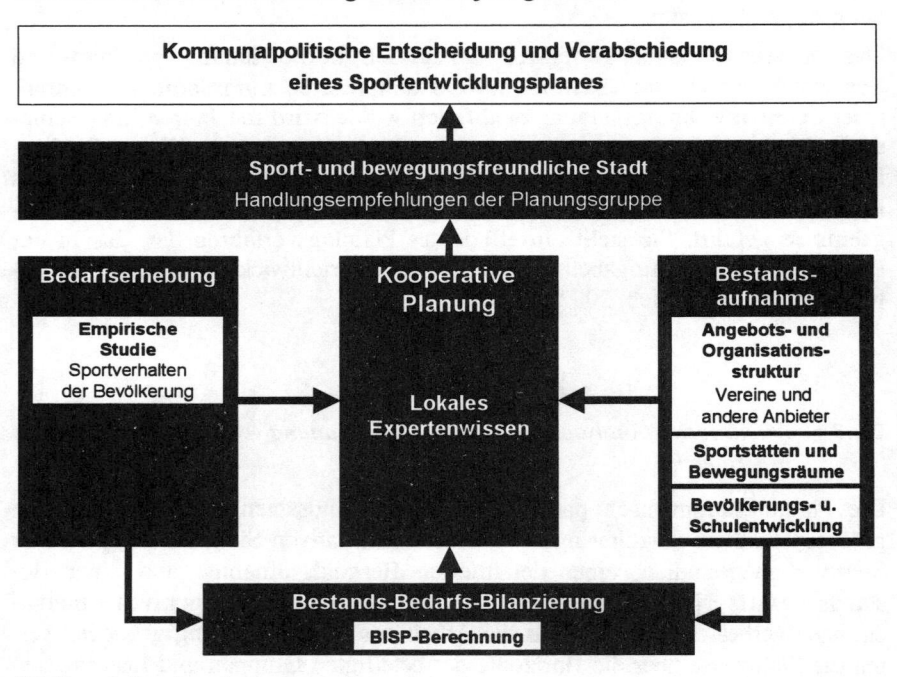

```
Kommunalpolitische Entscheidung und Verabschiedung
          eines Sportentwicklungsplanes
                        ↑
        Sport- und bewegungsfreundliche Stadt
        Handlungsempfehlungen der Planungsgruppe

  Bedarfserhebung      Kooperative         Bestands-
                        Planung            aufnahme
    Empirische                           Angebots- und
      Studie                             Organisations-
   Sportverhalten                           struktur
   der Bevölkerung      Lokales           Vereine und
                     Expertenwissen      andere Anbieter

                                        Sportstätten und
                                        Bewegungsräume

                                        Bevölkerungs- u.
                                        Schulentwicklung

            Bestands-Bedarfs-Bilanzierung
                  BISP-Berechnung
```

Abbildung 3: Projektverlauf in Dreieich

In Phase 1 wurden die Module der Bestands- und Bedarfsermittlung sowie die Bestands-Bedarfs-Bilanzierung vorgenommen. Im Einzelnen wurden die vorhandenen Sport- und Bewegungsräume in Dreieich in Zusammenarbeit mit der Stadtverwaltung systematisch erfasst und in eine MS-Access-Datenbank eingepflegt. Parallel hierzu wurden die Bestandszahlen zu den Dreieicher Sportvereinen einer Analyse unterzogen. Datenquelle hierfür stellte die Mitgliederstatistik des Landessportbundes Hessen dar. Ebenfalls zur ersten Phase zählte die Aufbereitung der Bevölkerungs- und Schülerzahlen in Dreieich sowie die Durchführung einer empirischen Sportverhaltensstudie. Ihren Abschluss fand die Phase 1 in der Gegenüberstellung der Zahlen für den Sportstättenbedarf mit den Ergebnissen der Bestandserhebung.

In Phase 2 wurden die im ersten Projektabschnitt ermittelten Daten und Ergebnisse in eine kooperative Planungsgruppe eingespeist. Diese heterogen zusammengesetzte Gruppe erarbeitete Handlungsempfehlungen auf den verschiedenen Ebenen der kommunalen Sportentwicklungsplanung.

3 Bestandsaufnahme - Planungsgrundlagen

3.1 Bevölkerung der Stadt Dreieich

Für eine bedarfsgerechte Sportentwicklungsplanung ist die Kenntnis der demographischen Entwicklung eine wichtige Grundlage. Seit den siebziger Jahren stagnieren die Bevölkerungszahlen in der Bundesrepublik Deutschland, spätestens seit Ende der 80er Jahre ist bekannt, dass es in Zukunft immer weniger Einwohner in Deutschland geben wird (vgl. Geissler & Meyer, 2002). Damit einher geht eine stetige Zunahme des Durchschnittsalters der Deutschen. Dieser Effekt – manche Experten sprechen in diesem Zusammenhang auch von einer zunehmenden Vergreisung der Gesellschaft – stellt die Kommunen vor neue Herausforderungen.

Tabelle 1: Bevölkerung in Dreieich (Stand: 30.06.2004)

Geschlecht	Altersgruppen	Gesamt	davon deutsch	davon andere
männlich	unter 3 Jahre	582	540	42
	3 bis unter 6 Jahre	591	518	73
	6 bis unter 15 Jahre	1.921	1.620	301
	15 bis unter 18 Jahre	633	538	95
	18 bis unter 25 Jahre	1.432	1.171	261
	25 bis unter 45 Jahre	6.655	5.592	1.063
	45 bis unter 60 Jahre	4.431	3.873	558
	60 bis unter 65 Jahre	1.433	1.273	160
	65 bis unter 75 Jahre	2.182	1.994	188
	75 bis unter 79 Jahre	725	700	25
	über 79 Jahre	555	540	15
weiblich	unter 3 Jahre	494	449	45
	3 bis unter 6 Jahre	552	483	69
	6 bis unter 15 Jahre	1.800	1.553	247
	15 bis unter 18 Jahre	552	459	93
	18 bis unter 25 Jahre	1.590	1.258	332
	25 bis unter 45 Jahre	6.784	5.610	1.174
	45 bis unter 60 Jahre	4.315	3.709	606
	60 bis unter 65 Jahre	1.536	1.419	117
	65 bis unter 75 Jahre	2.405	2.268	137
	75 bis unter 79 Jahre	943	921	22
	über 79 Jahre	1.269	1.250	19
Gesamt		*43.380*	*37.738*	*5.642*

Die Umkehr der Bevölkerungspyramide – immer weniger Jüngere stehen immer mehr Älteren und Alten gegenüber – betrifft nicht nur die sozialen Sicherungssysteme, sondern stellt gleichermaßen eine Herausforderung für die Stadtentwicklung dar. Ältere Menschen haben in vielerlei Hinsicht ganz andere Bedürfnisse, beispielsweise an die Infrastruktur, als jüngere. Daher sollte auch eine zukunftsorientierte Sportentwicklungsplanung, die sich als ein Teilaspekt der Stadtentwicklungsplanung versteht, auf die absehbaren demographischen Entwicklungen reagieren.

Die Stadt Dreieich ist eine Reformgemeinde und umfasst die Stadtteile Buchschlag (3.161 Einwohner), Dreieichenhain (8.728 Einwohner), Götzenhain (4.969 Einwohner), Offenthal (5.384 Einwohner) und Sprendlingen (21.138 Einwohner). Insgesamt leben in Dreieich etwas mehr als 43.300 Menschen. Aus Tabelle 1 geht der Bevölkerungsstand vom 30. Juni 2004, differenziert nach Altersgruppen und Geschlecht, hervor.

Das Wissen um die aktuelle Zusammensetzung der Bevölkerung sollte durch eine Prognose der zu erwartenden Veränderungen in den kommenden Jahrzehnten ergänzt werden. Während der momentane Stand der Bevölkerung relativ einfach über die Einwohnerdaten zu ermitteln ist, bereitet v.a. die Prognose der demographischen Entwicklung vor Ort Probleme. Wie in vielen anderen Gemeinden und Städten liegt zum Zeitpunkt der Sportentwicklungsplanung keine gültige Bevölkerungsprognose für Dreieich vor. Aus diesem Grund können zum jetzigen Zeitpunkt keine detaillierten Aussagen zum zukünftigen Sportanlagenbedarf nach den Vorgaben des „Leitfadens für die Sportstättenentwicklungsplanung" gemacht werden.

3.2 Sportvereine in Dreieich

3.2.1 Anzahl der Vereine und Mitgliederstruktur

Keine andere Interessensorganisation bindet so viele Mitglieder wie die Sportvereine – sie bilden im Sport- und Bewegungsleben der Menschen die tragende Säule. Sportvereine sind die wichtigsten institutionellen Anbieter für Sport und Bewegung – auch in Dreieich.

Insgesamt gibt es in Dreieich 45 Sportvereine, die als Mitglied im Landessportbund Hessen gemeldet sind. Davon sind 34 Einspartenvereine und elf Mehrspartenvereine. Größter Verein in Dreieich ist die Sport- und Kulturgemeinschaft Sprendlingen e.V., welche über elf Abteilungen verfügt und 1.791 Mitglieder hat. Ihr folgen der Sportverein 1890 e.V. und der Turnverein 1880 e.V. aus Dreieichenhain. Zusammen verfügen diese drei größten Vereine über 32 Prozent aller Mitglieder.

Tabelle 2: Übersicht der Sportvereine in Dreieich

Verein	Stadtteil	Gesamt 2004	männlich 2004	weiblich 2004	0 - 6 Jahre	7 - 14 Jahre	15 - 18 Jahre	19 - 26 Jahre	27 - 40 Jahre	41 - 60 Jahre	61 und älter
Sport- und Kulturgemeinschaft S. e.V.	S	1.791	957	834	226	434	129	108	361	342	191
Sprendlinger Turngemeinde 1848	S	1.051	462	589	90	181	67	91	178	234	210
Tennis Club Rot Weiß S. e.V.	S	424	232	192	5	109	33	23	58	98	98
1. Sprendlinger Judo Verein e.V.	S	361	261	100	9	157	32	39	63	57	4
Fußballverein 1906 S. e.V.	S	282	272	10	17	110	36	26	27	37	29
Tanzsport Club Bimmbär e.V.	S	175	58	117	2	53	16	43	25	36	0
Reit und Fahrverein Sprendlingen	S	171	57	114	0	26	16	25	34	41	39
Schützengesellschaft S. 1883 e.V.	S	163	146	17	0	1	7	7	30	94	24
Behinderten Sportgemeinschaft S.	S	69	33	36	0	0	0	1	3	13	52
Sport- und Sängergemeinschaft Off.	O	777	391	386	71	208	43	54	96	159	146
Fußball Club 1970 Offenthal e.V.	O	558	325	233	13	168	48	56	81	141	51
Tischtennisclub 1972 Offenthal e.V	O	122	114	8	1	20	19	29	27	18	8
Pferdefreunde Offenthal	O	117	19	98	2	56	10	14	13	15	7
Hap-Ki-Do Club Dreieich-Offenthal	O	52	27	25	1	42	1	0	7	1	0
Hubertus-Schützen Offenthal	O	47	38	9	0	0	2	6	10	15	14
Reitverein Erlenstall Dreieich.	O	30	5	25	0	1	1	2	15	4	2
PSV Offenthal e.V.	O	14	6	8	0	6	0	1	4	2	1
Sportgemeinschaft Götzenhain	G	890	417	473	88	163	39	110	173	189	128
Handballsportverein G. 1954 e.V.	G	518	257	261	71	78	45	56	83	101	84
Tennisclub Götzenhain e.V.	G	270	164	106	21	33	19	14	18	119	46
Reit- und Fahrverein Götzenhain	G	59	13	46	0	4	11	10	13	15	6
Sportverein 1890 e.V.	D	1.461	825	636	127	398	174	101	215	301	145
Turnverein 1880 e.V.	D	1.362	767	595	108	198	63	124	228	391	250
Schützengesellschaft 1560 D.	D	190	148	42	0	10	10	14	26	83	47
F.C. Vorwärts 1997 e.V.	D	62	43	19	4	4	3	0	32	16	3
Golf-Club-Neuhof e.V.		1.058	612	446	1	39	26	54	109	419	410
Pferdesportverein Dreieich e.V.		219	43	176	0	68	21	23	55	42	10
Karate Club Dreieich e.V.		171	126	45	4	82	30	12	27	16	0
Baseballclub Vultures 1992 Dr.		166	112	54	3	25	22	44	50	19	3
Grün-Gold Tanzsportclub Dreieich		134	58	76	0	17	3	8	40	40	26
STC Schwarz Weiß Dreieich e.V.		86	24	62	0	29	10	2	7	17	21
Fußballclub Panthers Dreieich 87		64	64	0	0	0	0	12	51	1	0
Pool-Billard-Club Dreieich/Sprendl.		52	49	3	0	0	3	14	22	10	3
SC Kleine Feiglinge Dreieich		36	26	10	0	0	0	0	35	1	0
Squash Club 77 Dreieich e.V.		36	33	3	0	0	1	3	11	19	2
A.S. Pie Veloce d'Italia Dreieich		31	20	11	4	6	4	2	8	5	2
1. Elektrorollstuhl Hockeyclub e.V.		29	18	11	0	0	3	5	2	18	1
Seepfadfinder- und Kanugilde e.V.		29	19	10	0	0	1	8	10	7	3
1. Wurfscheiben-Club Rhein-Main		19	17	2	0	0	0	0	4	15	0
Vorderladerschützen Dreieich 1980		16	12	4	0	0	0	0	2	11	3
1. Squash Rackets Club 1981 e.V.		16	13	3	0	0	0	1	4	10	1
Tennisverein 1911 Buchschlag e.V.	B	504	298	206	18	31	39	38	65	207	106
Sportclub Buchschlag	B	206	167	39	0	23	21	14	85	44	19
DJK SG Buchschlag e.V.	B	117	66	51	2	21	5	4	27	31	27
Schützengesellschaft B. von 1930	B	95	80	15	0	1	2	2	16	41	33
Gesamt		14.100	7.894	6.206	888	2.802	1.015	1.200	2.450	3.495	2.255
Prozent			56,0%	44,0%	6,3%	19,9	7,2%	8,5%	17,4%	24,8%	16,0%

S=Sprendlingen; O=Offenthal; D=Dreieichenhain; B= Buchschlag; G= Götzenhain; keine Angabe: ganz Dreieich.

Insgesamt zählt Dreieich 14.100 Sportvereinsmitglieder, das heißt 32,4 Prozent der Bevölkerung sind in den Sportvereinen organisiert. Mädchen und Frauen stellen 44 Prozent der Mitglieder und sind somit im Vergleich zum Bevölkerungsanteil (51 Prozent) in den Dreieicher Sportvereinen deutlich unterrepräsentiert. Im Vergleich mit anderen Kommunen ist jedoch der Anteil der weiblichen Mitglieder in Dreieich deutlich höher.[3] Der Anteil der Jugendlichen unter 18 Jahren liegt bei 33,5 Prozent, die 19 bis 40jährigen stellen 26 Prozent aller Vereinsmitglieder. 24,5 Prozent aller Mitglieder der Vereine in Dreieich sind zwischen 40 und 60 Jahren alt, 16 Prozent beträgt der Anteil der über 61jährigen. In Tabelle 2 sind alle soziodemographischen Angaben der Dreieicher Sportvereine detailliert aufgeführt.

3.2.2 Vereinskategorien

Abbildung 4 veranschaulicht, in welche Kategorien die Sportvereine in Dreieich aufgeteilt werden. Die überwiegende Mehrheit der Sportvereine zählt zur Kategorie der Kleinst- und Kleinvereine (73 Prozent) mit bis zu 100 bzw. zwischen 101 und 300 Mitgliedern. Nur zwölf der insgesamt 45 Vereine werden als Mittel- bzw. als Großverein klassifiziert (Mitgliederzahl von 301 bis 1000 bzw. mehr als 1000). Die Verteilung der Vereinskategorien in Dreieich zeichnet sich durch einen relativ hohen Anteil der Kleinst- und Kleinvereine aus.[4]

Der Anteil von Kindern und Jugendlichen an der Gesamtmitgliedschaft ist in den verschiedenen Vereinskategorien sehr unterschiedlich ausgeprägt. 48 Prozent und damit fast die Hälfte der Mitglieder, die zwischen 0 und 18 Jahre alt sind, sind in einem Großverein, 14 Prozent in einem Klein- und 35 Prozent in einem Mittelverein organisiert. Lediglich drei Prozent der unter 18jährigen Mitglieder sind in Kleinstvereinen organisiert, welche jedoch mit 42 Prozent die überwiegende Mehrheit aller Vereine stellen (ohne tabellarischen Nachweis).

---

[3] Der Anteil der weiblichen Mitglieder im Sportverein beträgt in Wiesbaden 41 Prozent (vgl. Wetterich & Eckl, 2005a, S. 41), in Esslingen 45,2 Prozent (vgl. Wieland et al., 2002) oder in Freiburg nur 36,8 Prozent (vgl. Eckl, Gieß-Stüber & Wetterich, 2005, S. 114). Heinemann & Schubert (1994, S. 95) ermittelten Anfang der 90er Jahre einen Wert von 38,5 Prozent bezogen auf alle Sportvereine in Deutschland.

[4] In Württemberg sind z.B. 61 Prozent der Vereine Kleinvereine mit bis zu 300 Mitgliedern (vgl. Nagel, Conzelmann & Gabler, 2004, S. 32). Heinemann & Schubert (1994, S. 46) weisen zu Beginn der 90er Jahre 69 Prozent der Vereine dieser Kategorie aus.

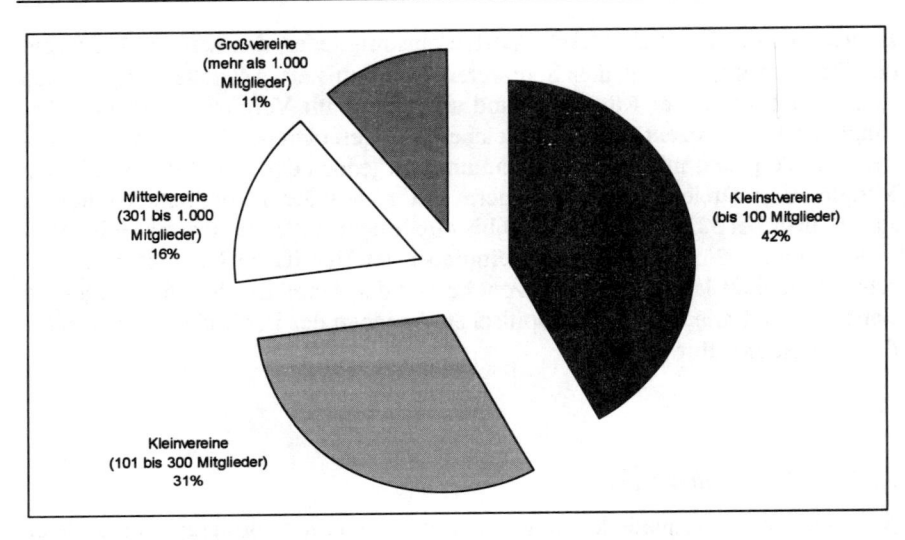

Abbildung 4: Vereinskategorien
Datenquelle: Mitgliederstatistik des Landessportbundes Hessen vom 1.1.2004.

Diese Zahlen belegen die auch durch andere Studien herausgearbeitete Tatsache (vgl. Wetterich & Eckl, 2005, S. 46ff.), dass die Kinder- und Jugendarbeit, die in den Augen der Bevölkerung die wichtigste gesellschaftspolitische Leistung der Sportvereine darstellt (vgl. Kapitel 4.7.1), vor allem von den etablierten größeren Vereinen mit mehreren Abteilungen geleistet wird.

3.2.3 Abteilungsstruktur

Insgesamt sind in Dreieich 87 unterschiedliche Abteilungen in 30 verschiedenen Sportarten vertreten. Turnen ist mit 3.680 Mitgliedern deutlich am stärksten vertreten, über 25 Prozent aller Mitglieder sind in den neun verschiedenen Turnabteilungen gemeldet. Zu berücksichtigen ist, dass sich mehrere Sportarten unter dem Oberbegriff Turnen vereinen und damit die tatsächliche Anzahl an Mitgliedern in den einzelnen Sportarten nicht ermittelt werden kann. So bietet z.B. der Sportverein Dreieichenhain 1890, der zweitgrößte Verein in Dreieich, innerhalb der Abteilung Turnen u.a. Rope-Skipping, Aerobic, Seniorengymnastik und Gerätturnen an.

Zweitgrößte Sportart in Bezug auf die Mitgliedsstärke ist Fußball mit rund 2.230 Mitgliedern. Dies entspricht einem Prozentsatz von 15,6 Prozent an allen Vereinsmitgliedern. Die detaillierte Aufschlüsselung der Meldungen zu den Fachverbänden (Zahl der Vereine, Mitgliederzahl, Verteilung nach Geschlecht und Alter, Anteil an allen gemeldeten Mitgliedern) ist Tabelle 3 zu entnehmen:

Tabelle 3: Meldungen zu den Fachverbänden (Stand: 1.1.2004)

Fachverband	N	Gesamt	männlich	weiblich	0 - 6 Jahre	7 - 14 Jahre	15 - 18 Jahre	19 - 26 Jahre	27 - 40 Jahre	41 - 60 Jahre	61 und älter	Anteil
Turnen	9	3.680	984	2.696	650	754	185	218	621	779	473	25,7
Fußball	11	2.231	2.104	127	95	583	211	215	470	432	225	15,6
Tennis	7	2.060	1.212	848	54	331	157	102	300	733	383	14,4
Golf	1	1.058	612	446	1	39	26	54	109	419	410	7,4
Handball	4	914	535	379	76	219	90	118	148	160	103	6,4
Tanzen	6	656	246	410	5	134	50	83	119	141	124	4,6
Reiten	6	605	143	462	2	161	59	75	134	119	55	4,2
Schießen	6	530	441	89	0	12	21	29	88	259	121	3,7
Tischtennis	4	329	306	23	1	70	54	57	64	63	20	2,3
Basketball	1	318	185	133	3	148	62	47	37	19	2	2,2
Schwimmen	3	214	89	125	13	93	30	33	27	16	2	1,5
Jiu-Jitsu	1	196	130	66	3	68	15	24	43	41	2	1,4
Behindertensport	3	184	122	62	0	0	3	6	5	61	109	1,3
Karate	1	171	126	45	4	82	30	12	27	16	0	1,2
Leichtathletik	5	170	99	71	7	46	10	6	25	58	18	1,2
Base- und Softball	1	166	112	54	3	25	22	44	50	19	3	1,2
Volleyball	2	130	74	56	0	26	8	18	41	31	6	0,9
Badminton	1	110	68	42	2	33	22	9	26	17	1	0,8
Judo	1	104	84	20	4	60	5	8	13	12	2	0,7
Kegeln	1	67	47	20	0	1	0	4	6	29	27	0,5
Kickboxen	1	62	48	14	2	29	12	8	7	4	0	0,4
Freizeitsport	1	52	27	25	1	42	1	0	7	1	0	0,4
Pool-Billard	1	52	49	3	0	0	3	14	22	10	3	0,4
Squash	2	52	46	6	0	0	1	4	15	29	3	0,4
Ski	2	49	33	16	2	0	0	9	35	3	0	0,3
Triathlon	2	40	28	12	0	0	1	1	28	10	0	0,3
Kanu	1	29	19	10	0	0	1	8	10	7	3	0,2
Bahnengolf	1	29	24	5	0	2	2	1	3	11	10	0,2
Tauchsport	1	26	15	11	2	1	0	1	12	10	0	0,2
Athleten	1	16	16	0	0	0	0	1	0	6	9	0,1
Gesamt	*87*	*14.300*	*8.024*	*6.276*	*930*	*2.959*	*1.081*	*1.209*	*2.492*	*3.515*	*2.114*	*100,0*

3.2.4 Fußballsport in Dreieich

Aufgrund der spezifischen Problemstellung in Dreieich, die Überlegungen zur Aufgabe eines Sportplatzes beinhaltete, wird die Situation des Fußballsports gesondert betrachtet. Mit elf Abteilungen ist Fußball die Sportart, die in den Vereinen am häufigsten angeboten wird, allerdings ist die durchschnittliche Anzahl an Mitgliedern pro Abteilung deutlich geringer als in anderen Abteilungen. Im Vergleich mit der Sportart Turnen sind im Fußball nur halb so viele Mitglieder pro Abteilung registriert.

Anhand der Auflistung der Fußballvereine ist deutlich zu erkennen, aus welchen Altersgruppen sich die Sportart Fußball in Dreieich zusammensetzt. Die 0 bis 6jährigen sind mit 4,3 Prozent vertreten, die 7 bis 14jährigen bilden mit 26,1 Prozent die stärkste Gruppe innerhalb der Fußballabteilungen. Die Gruppe der 15 bis 26jährigen stellt zusammen knapp 20 Prozent der Mitglieder. Über die Hälfte der Mitglieder der Sportart Fußball in Dreieich ist über 27 Jahre alt, über 10 Prozent sind älter als 61 Jahre. Besonders im Bereich der über 61jährigen kann davon ausgegangen werden, dass es sich hierbei verstärkt um passive Mitglieder handelt.

In der folgenden Tabelle sind alle Vereine aufgelistet, welche die Sportart Fußball anbieten.

Tabelle 4: Fußballvereine in Dreieich

Verein	Gesamt	0 - 6 Jahre	7 - 14 Jahre	15 - 18 Jahre	19 - 26 Jahre	27 - 40 Jahre	41 - 60 Jahre	61 und älter
Fußball-Club 1970 Offenthal e.V.	174	0	61	14	15	21	42	21
Sport- und Sängergemeinschaft Offenthal e.V.	285	5	51	10	33	47	82	57
Sportclub Buchschlag e.V.	182	0	23	21	14	85	32	7
Sportgemeinschaft Götzenhain 1945 e.V.	257	21	67	14	42	56	39	18
Fußball-Verein 1906 Sprendlingen e.V.	282	17	110	36	26	27	37	29
Sport- und Kulturgemeinschaft Sprendlingen e.V.	363	22	150	39	19	46	58	29
Sprendlinger Turngemeinde 1848 e.V.	91	0	0	0	11	29	24	27
Fußballclub Panthers Dreieich 87	64	0	0	0	12	51	1	0
Sportverein 1890 e.V. Dreieichenhain	274	9	68	65	9	38	63	22
Turnverein 1880 Dreieichenhain e.V.	197	17	49	9	34	38	38	12
F.C. Vorwärts 1997 e.V. Dreieichenhain	62	4	4	3	0	32	16	3
Gesamt	*2.231*	*95*	*583*	*211*	*215*	*470*	*432*	*225*
Verteilung in Prozent		*4,3*	*26,1*	*9,5*	*9,6*	*21,1*	*19,4*	*10,1*

Bemerkenswert ist, dass zwei Vereine keine Kinder und Jugendlichen in ihren Reihen haben. Sowohl bei der Sprendlinger Turngemeinde 1848 e.V. als auch beim Fußballclub Panthers Dreieich 97 sind Mitglieder erst ab 19 Jahren vertreten. Bei weiteren zwei Vereinen, dem Fußballclub 1970 Offenthal e.V. und dem Sportclub Buchschlag e.V., sind keine Kinder der Altersgruppe 0 bis 6 Jahre vertreten.

3.3 Sport- und Bewegungsräume in Dreieich

3.3.1 Zur Klassifizierung von Sport- und Bewegungsräumen

Grundlage von Sport und Bewegung sind infrastrukturelle Einrichtungen und Flächen, die quasi die Hardware des Sporttreibens bilden. Ohne entsprechende Sport- und Bewegungsräume können weder selbstorganisierte noch institutionell organisierte Sport- und Bewegungsaktivitäten in einer Kommune ausgeübt werden.

Sportanlagen werden in der Regel in vier Bereiche unterteilt, die die bisherige Sportpraxis widerspiegeln (vgl. Hübner & Kirschbaum, 1997, S. 14ff.). Es handelt sich hierbei um Außensportanlagen, um Hallen und Räume für Sport und Mehrzwecknutzung, um Sondersportanlagen sowie um Hallen- und Freibäder.

Außensportanlagen umfassen im Wesentlichen normorientierte Sportflächen im Freien, also überwiegend Stadien und Sportplätze. Typische Sportarten, die auf Außensportanlagen ausgeübt werden, sind Leichtathletik und Fußball. Oft werden auch die Tennisplätze, obwohl eigentlich als Sondersportanlage zu bezeichnen, dieser Sportstättenkategorie zugerechnet. Meist werden diese Anlagen nur von Sportvereinen für Wettkampf und Training genutzt und sind oftmals der Öffentlichkeit nicht zugänglich. Hallen und Räume für Sport und Mehrzwecknutzung (insbesondere Turn- und Sporthallen) stellen den nächsten Typus einer Sportstätte dar. Hauptnutzergruppen von überdachten Anlagen sind die Schulen und der Vereinssport, die die meisten Hallenkapazitäten belegen.

Unter dem Sammelbegriff „Sondersportanlagen" werden Anlagen für die Sportarten Tennis, Schießen, Reiten, Wassersport, Golf, Tanzen, Eislaufen, Kegeln / Bowling etc. zusammengefasst. Die am häufigsten vertretenen Anlagentypen sind Tennisanlagen und Anlagen für den Schießsport. Der letzte Bereich umfasst die Hallen- und Freibäder. Träger dieser Anlagen sind zumeist die Kommunen, im Osten Deutschlands zunehmend auch kommerzielle Betreiber.

Neben diesen wohlvertrauten, normierten Anlagen sind in den letzten Jahren zusehends weitere Sport- und Bewegungsräume in den Mittelpunkt der wissenschaftlichen Diskussion gerückt, nämlich die informellen Sport- und Bewegungsräume und die Sportgelegenheiten. „Sportgelegenheiten sind Flächen, die ursprünglich nicht für sportliche Zwecke geschaffen wurden, aber dennoch räumlich und zeitlich Möglichkeiten für eine sportliche Sekundärnutzung bieten. Sie stehen allen Bürgerinnen und Bürgern, insbesondere für informelle Sportaktivitäten kostenlos zur Verfügung" (Lischka, 2000, S. 23). Im Gegensatz zu den „Sportgelegenheiten" können „informelle Sport- und Bewegungsräume" (z.B. Bolzplatz, Freizeitspielfeld) identifiziert werden, die für das informelle und selbstorganisierte Sporttreiben explizit bereitstehen (vgl. zur sportwissenschaftlichen Diskussion zu Sportgelegenheiten und informellen Bewegungsräumen u.a. Bach & Zeisel, 1989; Balz, 1998; 2001; Lischka, 2000; Wieland et al., 2001a). Diese Bewegungsräume ermöglichen spontane, unreglementierte Bewegung in Form von individueller Sportausübung.

3.3.2 Sport- und Bewegungsräume im gesamtstädtischen Überblick

Für die Bestands-Bedarfs-Bildanzierung und die Erarbeitung von Handlungsempfehlungen in der kooperativen Planungsgruppe waren Daten zu Klein- und Großspielfeldern, Leichtathletikanlagen, Tennisplätzen, Turn- und Sporthallen, Bädern sowie zu Freizeitspielfeldern erforderlich.

Tabelle 5: Übersicht über die erfassten Sportstätten (Stand: Januar 2005)

		Anzahl
Außensportanlagen	Kleinspielfelder	5
	Großspielfelder	15
	Freizeitspielfelder / Bolzplätze	7
	LA-Kampfbahnen, Typ B	2
	Tennisplätze	43
	Gesamt	72
Bäder (Anzahl der Becken)	Freibad	1
	Hallenbad	1
	Gesamt	2
Hallen und Räume für Sport und Mehrzwecknutzung	Gymnastikraum	5
	Nutzungsoffener Raum	3
	Einzelhallen	4
	Sporthalle 2-fach	1
	Sporthalle 3-fach	3
	Turnhalle	11
	Tennisanlagen gedeckt (Anzahl der Plätze)	10
	gesamt	37
Gesamt		*111*

Sondersportanlagen wurden mit Ausnahme der Tennisanlagen nicht erfasst. Der besseren Übersicht wegen wurden – in Anlehnung an andere Studien (vgl. z.B. Hübner & Kirschbaum, 1997, S. 25) - die Freizeitspielfelder und die Tennisplätze den Außensportanlagen, die Tennishallen den Hallen und Räumen für Sport und Mehrzwecknutzung zugeordnet.

Grundlage der Daten sind die Angaben der Stadt Dreieich zu den Sport- und Bewegungsräumen. Sportgelegenheiten konnten mit den vorhandenen und aufbereiteten Datenbeständen nicht erfasst werden. Im vorliegenden Datensatz zur Sportstättenstruktur in Dreieich mit Stand Januar 2005 sind insgesamt 111 Sportstätten dokumentiert (vgl. Tabelle 5).

- In Dreieich sind 72 Außensportanlagen vorhanden, davon 43 Tennisplätze, 15 Großspielfelder, sieben Freizeitspielfelder / Bolzplätze, fünf Kleinspielfelder und zwei Leichtathletik-Kampfbahnen.

- Weiterhin wurden zwei Bäder (jeweils ein Hallen- und ein Freibad) erfasst.

- Darüber hinaus stehen insgesamt 27 Hallen und Räume für Sport und Mehrzwecknutzung in Dreieich zur Verfügung. Davon sind insgesamt elf Turnhallen, vier Einzelhallen, drei Dreifachhallen sowie eine Zweifachhalle erfasst. Ergänzt werden diese um fünf Gymnastikräume und drei nutzungsoffene Räume. Weiterhin stehen zehn Tennisplätze in Hallen zur Verfügung.

Eine ausführliche und stadtteilspezifische Auflistung der erfassten Sport- und Bewegungsräume ist Kapitel 5 zu entnehmen.

4 Das Sport- und Bewegungsverhalten in Dreieich

4.1 Zur Rolle von empirischen Sportverhaltensstudien im Rahmen von Sportentwicklungsplanungen

Etwa seit Mitte der 80er Jahre widmet sich die Sportwissenschaft verstärkt der empirischen Erforschung des Sportverhaltens der Bevölkerung. Wie Kirschbaum (2003, S. 89ff.) und Hübner & Wulf (2004, S. 17) aufzeigen, wurden in der Bundesrepublik seit 1984 mindestens 57 Sportverhaltensstudien durchgeführt. Davon entfallen allein über 35 Befragungen auf den Zeitraum zwischen 2000 und 2005 (vgl. Hübner & Voigt, 2004).

Zu erklären ist dieser Anstieg zum einen durch die bundesweite Einführung des „Leitfadens für die Sportstättenentwicklungsplanung", zum anderen durch die Veränderungen der Rahmenbedingungen für Sport und Bewegung in den Kommunen. Vor allem die begrenzten finanziellen Mittel stellen die Städte und Gemeinden vor neue Herausforderungen – die immer weniger werdenden Investitionsmittel unterliegen verstärkt den Kriterien der Nachhaltigkeit und Zweckmäßigkeit (vgl. Eckl, 2003, 2006) und bedürfen einer Legitimation durch objektiv erhobene Daten. Repräsentative Befragungen zum Sportverhalten der Bevölkerung stellen gemäß der aktuellen Fachdiskussion die fundierteste Grundlage bei der Entwicklung eines kommunalen Sportentwicklungsplanes dar.

Die meisten der bisher durchgeführten Befragungen zum Sportverhalten zielen auf die Gewinnung spezifischer Daten zu den am häufigsten ausgeübten Sport- und Bewegungsaktivitäten, zur Häufigkeit und Dauer dieser Aktivitäten sowie zu bevorzugten Sportflächen bzw. zur organisatorischen Anbindung. Darüber hinaus werden ergänzend soziodemographische Informationen wie etwa Alter und Geschlecht und die Mitgliedschaft in einem Sportverein erhoben (vgl. u.a. Köhl, 1998, S. 23; BISP, 2000; Rütten, 2001c, S. 254ff.; Kirschbaum 2003, S. 109ff.).

Diese Grunddaten zum Sportverhalten wurden auch bei der Befragung „Sport und Bewegung in Dreieich" erhoben. Im Unterschied zu vergleichbaren Studien wurden die Bürgerinnen und Bürger darüber hinaus zu weiteren Themenfeldern im Bereich von Sport und Bewegung, z.B. zur Bewertung der Infra-, Angebots- und Organisationsstrukturen von Sport und Bewegung in Dreieich sowie zur Einschätzung der Sportvereine und deren Leistungen, befragt. Durch diese konkreten Fragen war es in der anschließenden Planungsphase möglich, detaillierte Informationen für einzelne Planungsbezirke bereitzustellen bzw. erste Handlungsfelder für die Planungsgruppenarbeit zu identifizieren.

Sportverhaltensstudien im Rahmen von kooperativen Sportentwicklungsplanungen fokussieren also nicht nur auf die reine Abfrage des Sportverhaltens, sondern auch auf die Gewinnung von Daten zur Bewertung von Sporträumen, Sportinhalten und Organisationsformen von Sport und Bewegung in einer Stadt. Diese quantitativen und mit wissenschaftlichen Methoden erhobenen Daten ergänzen das subjektive Expertenwissen der Planungsgruppe und bereichern damit die Diskussionsprozesse. Damit kann dem unterstellen Vorwurf entgegengetreten werden, die im Zuge der Kooperativen Planung verabschiedeten Handlungsempfehlungen und Maßnahmenkonzepte seien ungenügend empirisch abgesichert bzw. entsprächen nur Partialinteressen (vgl. Wopp, 2003b, S. 32).

4.2 Das Verfahren der Befragung und die Qualität der Stichprobe

4.2.1 Design der Sportverhaltensstudie

Die Stadt Dreieich ist eine aus der Gebietsreform entstandene Kommune und besteht aus den Teilorten Buchschlag, Dreieichenhain, Götzenhain, Offenthal und Sprendlingen. Trotz oder gerade wegen der schwierigen räumlichen Lage und der Zergliederung des Stadtgebietes wurde beschlossen, für jeden Stadtteil repräsentative statistische Aussagen zum Sportverhalten zu ermöglichen, die auch eine weitere Differenzierung z.B. nach Alter, Geschlecht oder Vereinsmitgliedschaft zulassen.

Auf der Basis der amtlichen Einwohnerstatistik der Stadt Dreieich (Stichtag: 30.06.2004) wurde eine disproportionale Zufallsstichprobe von 3.087 Personen gezogen. Überproportional wurden dabei die Stadtteile Götzenhain und Offenthal (Faktor 1,5) sowie der Stadtteil Buchschlag (Faktor 2,5) berücksichtigt. Adressat der Befragung war die deutsche und ausländische Wohnbevölkerung im Alter von 14 bis unter 75 Jahren.

Der weitere Untersuchungsablauf untergliederte sich in mehrere Teilschritte. Nach der Stichprobenziehung wurden die Adressen für den Versand der Fragebögen aufbereitet. Parallel zu diesem Arbeitsschritt informierte die Lokalpresse über die bevorstehende Studie.

Nach Abschluss dieser vorbereitenden Arbeitsschritte erfolgte der Versand der Fragebögen mit einem beigefügten Anschreiben der Stadträtin der Stadt Dreieich sowie einem freigemachten Rückumschlag. Sieben Tage nach dem im Anschreiben festgelegten Rückgabetermin (01. Oktober 2004) wurde auf der Basis der Rücklaufkontrolle eine Nachfassaktion durchgeführt.[5] Der gesamte Befragungszeitraum erstreckte sich von Anfang September bis Ende Oktober 2004.

---

[5] Zu den standardisierten Methoden schriftlicher Befragungen siehe u.a. Holm, 1986; Kromrey, 1991; Schnell, Hill & Esser, 1993; Bortz & Döring, 1995; Porst, 2001.

Bei der Berechnung der Bruttostichprobe wurde von einem Rücklauf von 40 Prozent ausgegangen. Tatsächlich gingen von insgesamt 3.087 versandten Fragebögen 1.131 Fragebögen ausgefüllt – und damit verwertbar – an das Institut für Kooperative Planung und Sportentwicklung (IKPS) zurück. 172 Fragebögen (5,6 Prozent) kamen aus unterschiedlichen Gründen unbeantwortet zurück (unbekannt verzogen etc.). Bezogen auf die Gesamtzahl der versandten Fragebögen ergibt sich somit eine Rücklaufquote von 36,6 Prozent (siehe Tabelle 6). Im Vergleich[6] mit anderen repräsentativen Sportverhaltensstudien ist dies ein guter Wert.[7]

Innerhalb der Stadt Dreieich wurde im Stadtteil Offenthal mit 39,3 Prozent die höchste Rücklaufquote erzielt. Der Stadtteil Sprendlingen weist die geringste Rücklaufquote auf (33,2 Prozent).

Tabelle 6: Rücklaufquoten nach Teilorten

Stadtteil	Zahl der verschickten Fragebögen	Zahl der zurückgekommenen Fragebögen	Rücklaufquote in Prozent
Buchschlag	468	165	35,3
Dreieichenhain	493	185	37,5
Götzenhain	425	162	38,1
Offenthal	458	180	39,3
Sprendlingen	1243	413	33,2
nicht zuordenbar		26	
Gesamt	3.087	1.131	36,6

4.2.2 Qualität der Stichprobe

Die Güte einer realisierten Stichprobe wird anhand vorliegender soziodemographischer Merkmale überprüft. Dabei vergleicht man die Werte der Netto-Stichprobe mit denen der Gesamtpopulation. Ziel einer Befragung ist es, ein kleines Abbild der Bevölkerungsstruktur zu erhalten, um so repräsentative Aussagen treffen zu können. Dabei soll keine Gruppe überdurchschnittlich vertreten sein. Parameter zur Überprüfung der Repräsentativität der Stichprobe bilden

---

[6] Im Folgenden werden Daten mit den Ergebnissen aus anderen Studien verglichen. Dokumentiert sind die Vergleichswerte in: Esslingen: Wieland et al., 2002; Fellbach: Wetterich et al., 2001; Freiburg: Eckl, Gieß-Stüber & Wetterich, 2005; Karlsruhe: Stadt Karlsruhe, 2003; Konstanz: Hübner & Pfitzner, 2001; Mannheim: Hübner, 2001; Münster: Kirschbaum, 2003; Pliezhausen: Wieland et al., 2001a; Remseck: Eckl & Schrader, 2004; Rottenburg: Gabler et al., 2003; Sindelfingen: Wieland et al., 2001b; Tübingen: Gabler & Nagel 2001; Tuttlingen: Wetterich et al., 2002.

[7] Beispiele Rücklaufquoten: Pliezhausen 1999: 43,2%; Mannheim 2000: 28,3%; Sindelfingen 2000: 44,8%; Fellbach 2000: 47,8%; Tübingen 2001: 25%; Tuttlingen 2001: 43,9%; Esslingen a.N. 2001: 34,2%; Freiburg 2003: 28,9%; Remseck am Neckar 2003: 42,7%.

hierbei die Variablen Alter, Geschlecht, Stadtteil-Zugehörigkeit, Staatszugehörigkeit und Mitgliedschaft in einem Dreieicher Sportverein.

Tabelle 7: Repräsentativität der Stichprobe nach Altersgruppen

	Nettostichprobe		Ist Bevölkerung	
	N	%	N	%
15 bis unter 18 Jahre	48	4,3	1.185	3,5
18 bis unter 25 Jahre	85	7,7	3.022	8,9
25 bis unter 45 Jahre	422	38,2	13.439	39,6
45 bis unter 60 Jahre	280	25,4	8.746	25,8
60 bis unter 65 Jahre	106	9,6	2.969	8,7
65 bis unter 75 Jahre	163	14,8	4.587	13,5
Gesamt	*1.104*	*100,0*	*33.948*	*100,0*

Chi-Quadrattest[8] über Stichprobe versus Bevölkerungsstatistik (Einwohner 14 bis unter 75 Jahre) der Stadt Dreieich mit Stand vom 30.06.2004; Chi²=0,626; df=5; nicht signifikant

Die Altersverteilungen in der Grundgesamtheit und in der Nettostichprobe weisen kaum Unterschiede auf und können als weitgehend übereinstimmend beschrieben werden (vgl. Tabelle 7). In der Stichprobe sind die Altersgruppen der 18 bis unter 25jährigen, der 25 bis unter 45jährigen sowie der 45 bis unter 60jährigen leicht unterrepräsentiert, alle anderen Altersgruppen hingegen leicht überrepräsentiert.

Bezüglich des Geschlechts ist eine nahezu perfekte Übereinstimmung zwischen der Netto-Stichprobe und der tatsächlichen Verteilung in der Bevölkerung zu konstatieren (vgl. Tabelle 8).

Tabelle 8: Repräsentativität der Stichprobe nach Geschlecht

	Nettostichprobe		Ist Bevölkerung	
	N	%	N	%
Männlich	550	49,6	16.766	49,4
Weiblich	558	50,4	17.182	50,6
Gesamt	*1.108*	*100,0*	*33.948*	*100,0*

Chi-Quadrattest über Stichprobe versus Bevölkerungsstatistik (Einwohner 14 bis unter 75 Jahre) der Stadt Dreieich mit Stand vom 30.06.2004; Chi²=0,003; df=1; nicht signifikant

Bedingt durch das disproportionale Stichprobendesign ist eine Reproportionalisierung der Stichprobe hinsichtlich der Stadtteile notwendig, um repräsentative Aussagen zur Gesamtstadt vornehmen zu können (vgl. Tabelle 9). Alle Aussa-

---

[8] Der Chi-Quadrattest ist eine Prüfmethode, um Hypothesen über bestimmte Verteilungen in der Grundgesamtheit zu testen. Bei der Überprüfung der Stichprobenrepräsentativität muss der Chi-Quadrattest negativ, d.h. nicht signifikant, sein (vgl. Atteslander, 2003).

gen zur Gesamtstadt Dreieich werden daher in den folgenden Auswertungen gewichtet.

Tabelle 9: Repräsentativität der Stichprobe nach Stadtteil-Zugehörigkeit (ungewichtet)

	Nettostichprobe		Ist Bevölkerung	
	N	%	N	%
Buchschlag	165	14,9	2.429	7,2
Dreieichenhain	185	16,7	6.757	19,9
Götzenhain	162	14,7	3.990	11,8
Offenthal	180	16,3	4.259	12,5
Sprendlingen	413	37,4	16.513	48,6
Gesamt	1.105	100,0	33.948	100,0

Chi-Quadrattest über Stichprobe versus Bevölkerungsstatistik (Einwohner 14 bis unter 75 Jahre) der Stadt Dreieich mit Stand vom 30.06.2004; Chi²=4,948; df=4; nicht signifikant

Problematischer ist der Faktor Staatszugehörigkeit. In nahezu allen Sportverhaltensanalysen der letzten Jahre ist die Personengruppe der Ausländer in den Befragungen stets unterrepräsentiert, so auch in Dreieich. Hier ergibt sich eine Differenz von 6,7 Prozentpunkten.

Tabelle 10: Repräsentativität der Stichprobe nach Staatszugehörigkeit

	Nettostichprobe		Ist Bevölkerung	
	N	%	N	%
deutsch	1.024	92,6	29.164	85,9
andere	82	7,4	4.784	14,1
Gesamt	1.106	100,0	33.948	100,0

Chi-Quadrattest über Stichprobe versus Bevölkerungsstatistik (Einwohner 14 bis unter 75 Jahre) der Stadt Dreieich mit Stand vom 30.06.2004; Chi²=3,697; df=1; signifikant auf 5%-Fehlerniveau

Der letzte Faktor, welcher als Indikator für die Repräsentativität der Stichprobe gilt, ist die formale Mitgliedschaft in einem Dreieicher Sportverein. Referenzquelle ist die offizielle Mitgliederstatistik (A-Zahlen) des Landessportbundes Hessen (lsbh) mit Stand vom 01.01.2004 und den Angaben für die Altersgruppen ab 15 Jahren und älter. Laut dieser Zahlen sind in den Dreieicher Sportvereinen 10.415 Personen bzw. 30,7 Prozent der Bevölkerung ab 15 Jahre organisiert.

Die Überprüfung der Repräsentativität der Stichprobe anhand des Faktors Vereinsmitgliedschaft in einem Dreieicher Verein wirft jedoch einige Probleme auf. So werden in der offiziellen Statistik des Landessportbundes Hessen weder Mehrfachmitgliedschaften noch die Herkunft der Mitglieder erfasst. Aus diesem Grund kann es bei den Angaben zu Verzerrungen kommen, da nicht ausgeschlossen werden kann, dass auch Personen aus anderen Städten und Gemeinden in einem Dreieicher Sportverein Mitglied sind bzw. ein Dreieicher Bürger in mehreren Dreieicher Sportvereinen gleichzeitig Mitglied ist.

Weiterhin differenziert die lsbh-Mitgliederstatistik nicht nochmals zwischen Mitgliedern von 60 bis unter 65 Jahren bzw. 65 bis unter 75 Jahren, sondern erfasst diese Gruppe gesammelt unter der Kategorie „60 Jahre und älter" (also auch die über 74jährigen).

Tabelle 11: Repräsentativität der Stichprobe nach Mitgliedschaft in einem Dreieicher Sportverein

	Nettostichprobe		lsbh-Mitgliederstatistik	
	N	%	N	%
Mitglied in Dreieich	405	36,7	10.415	30,7
kein Mitglied in Dreieich	700	63,3	23.533	69,3
Gesamt	*1.105*	*100,0*	*33.948*	*100,0*

Chi-Quadrattest über Stichprobe versus Bevölkerungsstatistik (Einwohner 14 bis unter 75 Jahre) der Stadt Dreieich (Stand: 30.06.2004) bzw. lsbh-Mitgliederstatistik (Mitglieder ab 15 Jahre; Stand: 01.01.2004); Chi^2=1,677; df=1; n.s.

Ein Vergleich der Zahlen der Nettostichprobe mit denen der lsbh-Mitgliederstatistik zeigt, dass die Mitglieder in einem Dreieicher Sportverein mit 6,0 Prozentpunkten überrepräsentiert sind. Diese leichte Überrepräsentanz ist aus statistischer Sicht unproblematisch, da der Chi-Quadrattest keine Signifikanz aufweist.

Zusammenfassend ist festzuhalten, dass die Stichprobe eine hohe Übereinstimmung mit der Grundgesamtheit aufweist und damit eine gute Grundlage für repräsentative Aussagen in Bezug auf die Merkmale Alter, Geschlecht, Stadtteilzugehörigkeit und – mit leichten Abstrichen – Vereinsmitgliedschaft darstellt. Differenzierte Aussagen zur Sportaktivität ausländischer Mitbürger/-innen sind dagegen aufgrund der geringen Beteiligungsbereitschaft nur schwer möglich. Insgesamt beträgt der maximale Stichprobenfehler bei Aussagen für die Gesamtstadt Dreieich (N=1.131) plus / minus 2,91 Prozent bei einer Sicherheitswahrscheinlichkeit von 95 Prozent.

4.3 Grunddaten zur sportlichen Aktivität der Bevölkerung

4.3.1 Grad der sportlichen Aktivität

In einer ersten allgemeinen Einschätzung bezeichnen sich 89 Prozent der Befragten als sportlich bzw. körperlich aktiv. Im Vergleich zu anderen aktuellen Sportverhaltensstudien mit vergleichbarer Fragestellung und Erhebungsmethodik nimmt Dreieich eine Spitzenposition ein.[9]

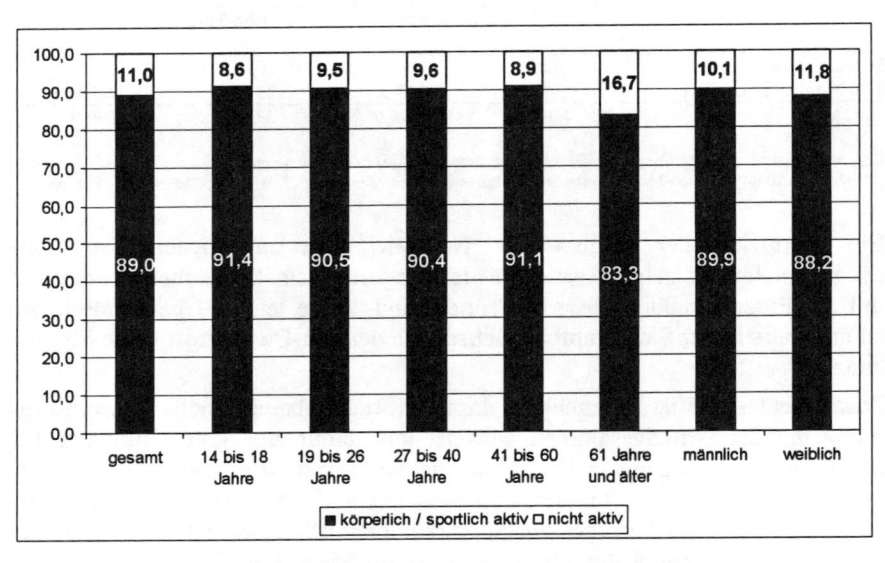

	gesamt	14 bis 18 Jahre	19 bis 26 Jahre	27 bis 40 Jahre	41 bis 60 Jahre	61 Jahre und älter	männlich	weiblich
nicht aktiv	11,0	8,6	9,5	9,6	8,9	16,7	10,1	11,8
körperlich / sportlich aktiv	89,0	91,4	90,5	90,4	91,1	83,3	89,9	88,2

Abbildung 5: Sportliche Aktivität – differenziert nach Alter und Geschlecht
„Sind Sie in irgendeiner Form körperlich / sportlich aktiv?"; Angaben in Prozent; Gesamt: $N=1.105$; Alter: $N=1.100$, $V=0,026$, n.s.; Geschlecht: $N=1.104$, $V=0,10$, $p \leq .05$.

Unter dem allgemeinen Begriff „sportlich aktiv sein" werden alle Arten von Wettkampf- und Freizeitsport sowie auch alle anderen Arten von bewegungsaktiver Erholung verstanden, z.B. gemütliches Schwimmen oder Rad fahren.

Zu beachten ist, dass hier die Befragten um eine Selbsteinschätzung gebeten wurden. Aus anderen sozialwissenschaftlichen Studien ist der Effekt der sozialen Erwünschtheit bekannt, der besagt, dass eine allgemein anerkannte und gesellschaftlich erwünschte Verhaltensweise oftmals von den Befragten genannt

---

[9] Vgl. die Vergleichswerte u.a. in Münster 1997: 79,9%; Pliezhausen 2000: 78,6%; Sindelfingen 2000: 80,7%; Mannheim 2000: 76,8%; Fellbach 2001: 69,7%; Esslingen a.N. 2001: 74,3%; Freiburg 2003: 87,6%; Remseck am Neckar 2003: 82%.

wird, ohne dass sie tatsächlich dieses Verhalten in ihrem täglichen Leben ausüben (vgl. Holm, 1986, S. 67/82; Schnell, Hill & Esser, 1993, S. 363). Ob dieser Effekt auch bei Sportverhaltensuntersuchungen zum Tragen kommt, ist bisher in der Sportwissenschaft noch kaum thematisiert worden. „Grundsätzlich ist davon auszugehen, dass es sich bei der Thematik Sport um einen gesellschaftlich positiv besetzen Begriff handelt [...] Demzufolge kann angenommen werden, dass bei der Frage nach der jeweiligen Sportaktivität die Tendenz zu überhöhten Werten dadurch gegeben ist, dass im Sinne des sozial Erwünschten geantwortet wird" (Schwark, 1994, S. 281). Durch entsprechende Kontrollfragen und differenzierte Angaben wird die Aktivenquote im Verlauf dieses Berichtes überprüft und relativiert.

Eine altersspezifische Analyse ergibt, dass in der Altersgruppe der über 60jährigen der Anteil der sportlich Aktiven deutlich zurückgeht. Dies war in dieser Form zu erwarten, da jüngere Menschen aller Erfahrung nach häufiger und stärker aktiv sind als ältere. Dennoch ist festzuhalten, dass auch in der höchsten Altersgruppe noch immer deutlich über 80 Prozent der Befragten in irgendeiner Form aktiv sind. Ein Vergleich der Antworten von Männern und Frauen zeigt kaum Unterschiede im Grad der Aktivität. Erwartungsgemäß nimmt der Grad der sportlichen Aktivität mit steigendem Bildungsgrad zu (vgl. Tabelle 12):

Tabelle 12: Sportliche Aktivität – differenziert nach Bildungsgrad

	körperlich / sportlich aktiv	nicht aktiv
ohne Schulabschluss	83,3	16,7
Volks-/ Hauptschule	81,0	19,0
Mittlere Reife/ Realschule	88,6	11,4
Hochschulreife/ Abitur	91,9	6,1
Fachhochschul-/ Hochschulabschluss	94,3	5,7
noch Schüler	94.6	5,4
Gesamt	*89,4*	*10,6*

„Sind Sie in irgendeiner Form körperlich / sportlich aktiv?"; Angaben in Prozent;: N=1.085, V=0,156, p≤.001.

Insgesamt liegt der Anteil der Aktiven an der oberen Grenze der bisherigen Sportverhaltensuntersuchungen in Deutschland. Primäres Ziel der Kooperativen Planung sollte es daher sein, das vorhandene Sport- und Bewegungsangebot, die Organisationsstrukturen und die Sport- und Bewegungsräume qualitativ aufzuwerten und zu optimieren.

4.3.2 Einordnung der sportlichen Aktivität

Bei der Betrachtung der Sportaktivitäten ist es erforderlich, eine Ausdifferenzierung der Aktivitäten vorzunehmen. In der Sportwissenschaft gibt es z.T. kontroverse Diskussionen, wie man das Sportsystem in seiner Gesamtheit in verschiedene Subsysteme unterteilen kann.[10] Im Folgenden wird bei der sportlichen Aktivität zwischen „bewegungsaktiver Erholung" und „Sporttreiben" differenziert. Dabei stützen wir uns auf die Selbsteinschätzung der Befragten. Diese Unterscheidung zwischen „Sporttreiben" und „bewegungsaktive Erholung" gilt momentan als Standard bei der Erhebung des Sportverhaltens (vgl. Hübner, Pfitzner & Wulf, 2002, S. 31ff.).

Unter bewegungsaktiver Erholung verstehen wir Tätigkeiten wie Baden, gemütliches Schwimmen, gemütliches Rad fahren oder gemütliches Wandern / Spazieren gehen. Unter Sporttreiben verstehen wir Aktivitäten, die eher planmäßig, mit höherer Intensität, Anstrengung und Regelmäßigkeit durchgeführt werden. Diese können sowohl mit als auch ohne Wettkampfteilnahme ausgeführt werden.

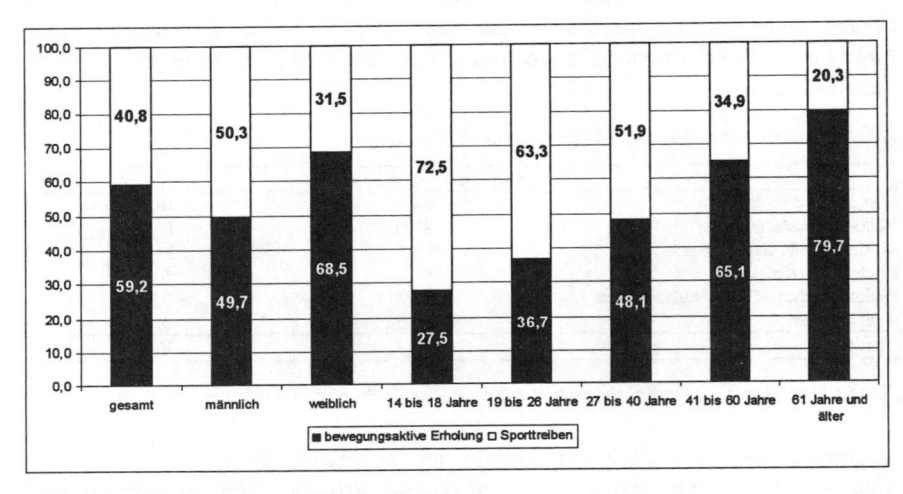

Abbildung 6: Einordnung der sportlichen Aktivität
„Wie würden Sie Ihre sportliche Aktivität einordnen?"; Angaben in Prozent; <u>Gesamt:</u> N=937; <u>Geschlecht:</u> N=937, V=0,192, p≤.001 ; <u>Alter:</u> N=933, V=0,315, p≤.001.

---

[10] Siehe hierzu u.a. Wieland & Rütten, 1991c, mit weiterer Literatur.

Aus Abbildung 6 kann man entnehmen, dass knapp 60 Prozent der sportlich Aktiven überwiegend bewegungsaktive Erholung ausüben sowie etwa 40 Prozent sich als überwiegend sporttreibend bezeichnen.[11]

Besonders deutlich fallen hier die geschlechtsspezifischen Unterschiede auf. Frauen üben mit einem Anteil von 68,5 Prozent überdurchschnittlich häufiger bewegungsaktive Erholung aus. Nur 31,5 Prozent der aktiven Frauen schätzen ihre Aktivitäten als Sporttreiben ein. Im Vergleich dazu fällt bei den Männern das nahezu ausgeglichene Verhältnis von Sporttreiben und bewegungsaktiver Erholung auf.

Untersucht man die Frage nach der Einordnung der sportlichen Aktivität nach Altersgruppen, fällt sofort der Anstieg des Anteils der bewegungsaktiven Erholung von 28 Prozent bei den 14 bis 18jährigen auf 80 Prozent bei den 61jährigen und älter auf. Das Sporttreiben geht entsprechend zurück.

4.3.3 Wettkampfsport und Freizeitsport

Neben einer allgemeinen Differenzierung zwischen bewegungsaktiver Erholung und Sporttreiben sollten die Befragten auch darüber Auskunft erteilen, welcher Sportlergruppe sie sich in der von ihnen am häufigsten ausgeübten Aktivität zuordnen würden. Die Spannbreite reicht dabei von der Gruppe der unregelmäßigen Freizeitsportler bis hin zur Gruppe der Hochleistungssportler.

Tabelle 13: Selbstzuordnung Sportlergruppe

	unregelmäßiger Freizeitsportler	regelmäßiger Freizeitsportler	WK-Sportler bis Bezirksebene	WK-Sportler bis Landes- / Verbandsebene	Hochleistungssportler
14 bis 18 Jahre	6,0	56,0	24,0	12,0	2,0
19 bis 26 Jahre	8,6	67,7	9,7	8,6	5,4
27 bis 40 Jahre	10,5	76,2	8,5	4,0	0,8
41 bis 60 Jahre	12,5	77,8	7,4	2,3	0,0
61 Jahre und älter	14,5	83,1	1,4	0,5	0,5
männlich	12,5	70,9	10,8	4,5	1,3
weiblich	10,8	81,9	4,2	2,5	0,6
Gesamt	*11,6*	*76,4*	*7,5*	*3,5*	*0,9*

„Welcher der folgenden Sportlergruppen würden Sie sich nach Ihrem jetzigen Stand in der von Ihnen am häufigsten ausgeübten Sportart / Bewegungsaktivität zurechnen?"; Angaben in Prozent; Gesamt: N=953 ; Geschlecht: N=951, V=0,153, p≤.001; Alter: N=950, V=0,151, p≤.001.

---

[11] Anteil bewegungsaktive Erholung in anderen Städten: Sindelfingen 2000: 61,5%; Fellbach 2001: 66,8%; Esslingen a.N. 2001: 67,9%; Freiburg 2003: 60,9%; Remseck am Neckar 2003: 63,5%.

Etwa 88 Prozent der Befragten bezeichnen sich selbst als Freizeitsportler (76 Prozent als regelmäßig aktive, 12 Prozent als unregelmäßig aktive Freizeitsportler).[12] Rund acht Prozent der Befragten ordnen sich als Wettkampfsportler bis zur Bezirksebene, weitere vier Prozent als Wettkampfsportler bis zur Landes- oder Verbandsebene ein. Etwa ein Prozent der Befragten gibt an, im Hochleistungsbereich aktiv zu sein. Mit einer „Wettkampfquote" von 12 Prozent ist die Dreieicher Bevölkerung im Vergleich zu anderen Untersuchungen überdurchschnittlich im Wettkampfsport aktiv.

Wie aus Tabelle 13 hervorgeht, bestehen zwischen Männern und Frauen sowie zwischen den verschiedenen Altersgruppen deutliche Unterschiede in der Selbstzuordnung. Frauen ordnen sich selbst deutlich häufiger der Gruppe der Freizeitsportler zu, wohingegen die Männer sich selbst häufiger in die Gruppen der Wettkampfsportler zuordnen. Hinsichtlich der Altersgruppen ist zu konstatieren, dass mit zunehmendem Alter der Anteil der Wettkampfsportler erwartungsgemäß abnimmt.

4.3.4 Quote der regelmäßig aktiven Sportlerinnen und Sportler

Wie bereits angedeutet, ist die allgemeine Aktivenquote in Dreieich mit 89 Prozent ein Spitzenwert bei vergleichbaren Untersuchungen. Jedoch ist anzunehmen, dass sich die Aktiven hinsichtlich der Häufigkeit und Regelmäßigkeit der Sportausübung unterscheiden. Aus diesem Grund kann unter Berücksichtigung der Frage, welcher Sportlergruppe man sich selbst zuordnen würde, eine korrigierte Aktivenquote ermittelt werden, bei der die Häufigkeit der Ausübung von Sport- und Bewegungsaktivitäten berücksichtigt wird.

---

[12] Anteil Freizeitsportler in anderen Kommunen: Fellbach 2001: 91%; Esslingen a.N. 2001: 92%; Freiburg 2003: 91,1%; Remseck am Neckar 2003: 93,7%.

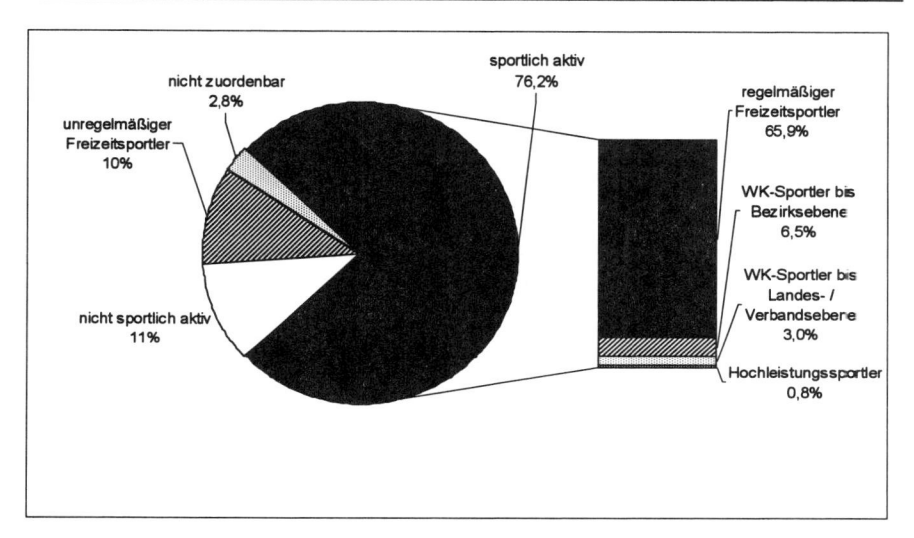

Abbildung 7: Aktivenquote

Von den 1.105 Personen, die den Fragebogen beantwortet haben, geben 121 Personen (11 Prozent) an, nicht sportlich oder körperlich aktiv zu sein. Weitere 31 Personen (2,8 Prozent) ordnen sich keiner Sportlergruppe zu und werden daher als nicht aktiv gewertet. 111 Personen (10 Prozent) geben an, unregelmäßig und damit weniger als einmal pro Woche aktiv zu sein. Unter Berücksichtigung dieser Annahmen reduziert sich der Anteil der regelmäßig, d.h. wenigstens einmal pro Woche, aktiven Sportlerinnen und Sportler in Dreieich von 89 auf 76,2 Prozent.

4.3.5   Motive für sportliche Aktivität

Um die Sportmotive der Dreieicher Bevölkerung zu erfassen, wurde den Befragten eine Liste mit zwölf möglichen Beweggründen für sportliche Aktivitäten vorgelegt. Die sportlich Aktiven wurden darum gebeten, die Bedeutung jedes einzelnen Motivs für ihre persönliche sportliche Aktivität auf einer fünfstufigen Skala von „wichtig" bis „unwichtig" zu bewerten. Aus den kumulierten Werten der Antworten „eher wichtig" und „wichtig" lässt sich die folgende Rangskala der wichtigsten Motive für Sport oder bewegungsaktive Erholung bilden.

Motiv	Prozent
Gesundheit und Wohlbefinden	96,5
Fitness, Kondition, Beweglichkeit	93,1
Ausgleich, Entspannung, Erholung	88,5
Spaß/Freude an Sport und Spiel	86,7
etwas für Figur und Aussehen tun	73,0
die Natur erleben	72,3
gemeinsames Erleben, Geselligkeit	68,6
den eigenen Körper erleben	59,6
Abwechslung, Zeitvertreib, Unterhaltung	54,8
Streben nach Leistung	38,8
Ästhetik der Bewegung	30,7
Wettkampf, Erfolg	18,1

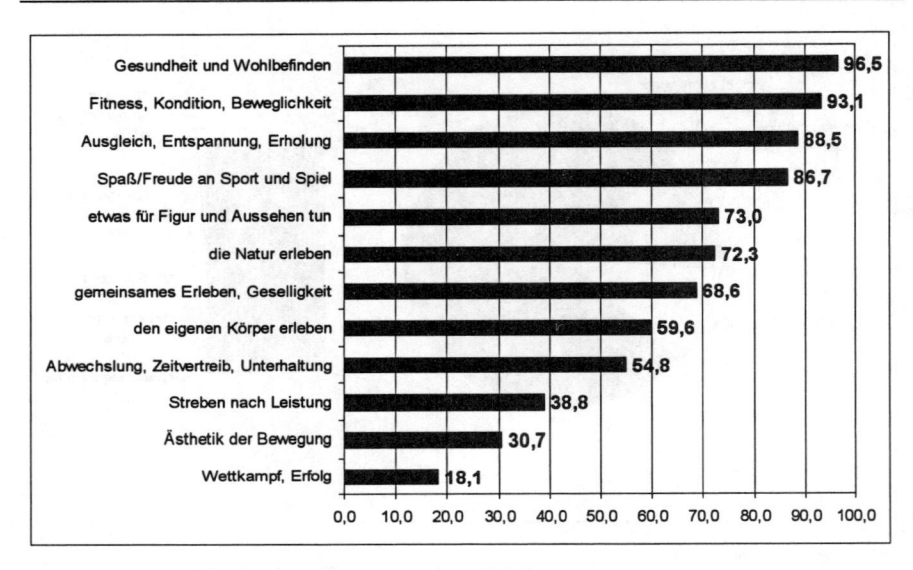

Abbildung 8: Motive für Sport und bewegungsaktive Erholung
„Nun möchten wir ganz allgemein wissen, warum Sie persönlich Sport treiben beziehungsweise Bewegungsaktivitäten ausüben?"; kumulierte Werte der Antworten „eher wichtig" und „wichtig"; Angaben in Prozent; N=927 – 970.

Aus dieser Rangfolge geht hervor, dass die gesamte Palette sportlicher Aktivitäten stark von Gesundheits-, Erholungs-, Entspannungs- und nicht zuletzt Fitnessaspekten geprägt wird. Auch das Motiv „Spaß und Freude an Sport und Spiel" auf dem vierten Rangplatz steht deutlich mit im Vordergrund. 97 Prozent der Befragten schätzen „Gesundheit und Wohlbefinden" für sich persönlich als eher wichtig oder wichtig ein, dicht gefolgt von weiteren rekreativen und gesundheitsorientierten Motiven wie Ausgleich, Entspannung, Erholung, Fitness und Beweglichkeit. Am Ende der Skala stehen diejenigen Motive, die stärker den Leistungsgedanken im Sport betonen. So ist das Streben nach Leistung und persönlicher Verbesserung bei lediglich 38,8 Prozent der Befragten ein eher wichtiges oder wichtiges Motiv. Wettkampf und Erfolg halten noch 18 Prozent der sportlich Aktiven für wichtig und eher wichtig.

Mit dieser Motivhierarchie unterscheidet sich Dreieich kaum von anderen Städten und Gemeinden in der Bundesrepublik. In allen vergleichbaren Studien haben die klassischen Motive, die das agonale Element des Sports betonen, nämlich das Streben nach Leistung sowie Wettkampf und Erfolg an Bedeutung verloren. Stattdessen rangieren die dem Freizeit- und Gesundheitssport zuzuordnenden Motive wie Gesundheit und Wohlbefinden, Spaß, Ausgleich und Entspannung, Fitness oder Geselligkeit an der Spitze der Prioritätenskala (vgl. Wieland, 2000, S. 10). Die Wettkampf- und Breitensportler/-innen im Verein haben Konkurrenz erhalten „durch eine immer größer werdende Personengruppe, die ihr Sportverständnis nach neuen Qualitätsmerkmalen definiert" (Wetterich, 2002, S. 8).

Dass Frauen und Männer durchaus unterschiedliche Motive für die Ausübung sportlicher Aktivitäten haben, verdeutlicht der Mittelwertvergleich in Tabelle 14. Beide Geschlechter präferieren in gleichem Maße die Motive „Fitness", „Spaß und Freude" und „Abwechslung und Zeitvertreib", jedoch haben die leistungsbetonenden Motive „Wettkampf, Erfolg" und „Streben nach Leistung" für Männer einen größeren Aufforderungscharakter. Für Frauen sind hingegen die restlichen Motive von größerer Bedeutung, v.a. die Motive „etwas für Figur und Aussehen tun", „Natur erleben", „Ausgleich und Entspannung" und „Ästhetik der Bewegung".

Tabelle 14: Motive für Sport und bewegungsaktive Erholung – Mittelwerte, differenziert nach Geschlecht

	gesamt	männlich	weiblich
Wettkampf, Erfolg (p≤.001)	2,21	2,46	1,96
Ästhetik der Bewegung (p≤.001)	2,80	2,64	2,95
Leistung / persönliche Verbesserung (p≤.001)	2,98	3,20	2,77
den eigenen Körper erleben (p≤.01)	3,60	3,50	3,70
Gemeinsames Erleben / Geselligkeit (p≤.05)	3,81	3,72	3,90
etwas für Figur und Aussehen tun (p≤.001)	3,87	3,65	4,09
die Natur erleben (p≤.001)	3,92	3,78	4,06
Ausgleich, Entspannung, Erholung (p≤.001)	4,30	4,20	4,39
Gesundheit und Wohlbefinden (p≤.01)	4,71	4,65	4,77

Mittelwerte auf einer fünfstufigen Skala von wichtig bis unwichtig. N=926 – 268.

Auch in Bezug auf die verschiedenen Altersgruppen ergeben sich erwartungsgemäß gravierende Unterschiede. Die jüngeren Altersgruppen bevorzugen eher die Motive „Spaß", „Leistung", „Wettkampf und Erfolg".

Tabelle 15: Motive für Sport und bewegungsaktive Erholung – Mittelwerte, differenziert nach Alter

	gesamt	14 - 18	19 - 26	27 - 40	41 - 60	über 60
Wettkampf, Erfolg (p≤.001)	2,21	3,00	2,40	2,31	2,08	1,98
Leistung / persönliche Verbesserung (p≤.001)	2,98	3,70	3,53	3,09	2,85	2,62
den eigenen Körper erleben (p≤.001)	3,60	3,23	3,41	3,71	3,74	3,41
etwas für Figur und Aussehen tun (p≤.001)	3,87	4,04	4,00	4,10	3,94	3,38
die Natur erleben (p≤.001)	3,92	2,88	3,24	3,91	4,08	4,22
Spaß / Freude an Sport und Spiel (p≤.001)	4,30	4,56	4,35	4,42	4,29	4,08
Ausgleich, Entspannung, Erholung (p≤.001)	4,30	3,74	4,08	4,40	4,39	4,26
Gesundheit und Wohlbefinden (p≤.001)	4,71	4,31	4,66	4,70	4,79	4,72

Die über 60jährigen halten insbesondere das Erleben der Natur für besonders wichtig, während mittlere Altersgruppen die Entspannungsfunktion des Sports und das Erleben des eigenen Körpers besonders schätzen (vgl. Tabelle 15). In der kooperativen Planung ist zu hinterfragen, ob die Dreieicher Sportanbieter auf diese veränderte Motivstruktur der Bevölkerung bereits reagiert haben bzw. ob sie durch andere Sport- und Bewegungsangebote, die den Freizeit- und Breitensport stärker betonen, ihre Mitglieder binden und neue hinzugewinnen können.

4.3.6 Gründe für Inaktivität

Für eine zukunftsorientierte Sportentwicklungsplanung spielen die Gründe der nicht sportlich Aktiven für ihre Sportpassivität eine wichtige Rolle. Möglicherweise liegen sie in lokalen Voraussetzungen und Rahmenbedingungen, z.B. fehlende Angebote oder mangelhafte Infrastruktur.

Tabelle 16: Gründe für Nichtaktivität

	n	Prozentanteil an Nennungen	Prozentanteil an Fällen
Wohlfühlen ohne Sport	67	14,6	56,6
habe keine Zeit	45	9,9	38,4
Finanzieller Aufwand ist mir zu hoch	44	9,6	37,1
Bin zu bequem, um Sport zu treiben	42	9,1	35,2
Mein Gesundheitszustand lässt Sport nicht zu	41	8,9	34,2
Kein Interesse	40	8,8	34,1
Weiß nicht, wo ich geeignetes Sportangebot finde	32	7,0	27,2
Ich kenne niemanden, der mitmacht	31	6,9	26,6
Angst vor Verletzungen	29	6,4	24,6
Ich bin zu alt	25	5,4	21,0
Weg zum nächsten Sportanbieter ist zu weit	16	3,4	13,3
Habe Angst, mich zu blamieren	14	3,1	12,1
Kraft- und Zeitverschwendung	14	3,0	11,6
Weg zur nächsten Sportgelegenheit ist zu weit	12	2,6	10,2
Eine Person möchte nicht, dass ich eine Aktivität ausübe	5	1,1	4,3
Gesamt	*458*	*100*	*386,4*

„Welche der nachfolgenden Gründe sind dafür ausschlaggebend, dass Sie nicht sportlich aktiv sind?";
Antwort „Aussage trifft zu"; Mehrfachantworten möglich; gültige Fälle N=118

Den Befragten, die angaben, sich nicht sportlich zu betätigen (11 Prozent), wurde eine Liste mit möglichen Gründen für ihre Passivität vorgelegt und darum gebeten, für jeden Grund anzugeben, ob dieser für sie zutrifft oder nicht. Es wird dabei davon ausgegangen, dass nicht immer nur ein Argument gegen die Aufnahme sportlicher Aktivitäten spricht, sondern ein ganzes Bündel aus verschiedenen Motiven Grund für sportliche Abstinenz ist.

Wie aus Tabelle 16 hervorgeht, sind die bedeutendsten Argumente, keinen Sport zu treiben, „fühle mich wohl ohne Sport" und „habe keine Zeit". Jedoch scheinen auch einige strukturelle Gründe die Aufnahme sportlicher Aktivitäten zu behindern. So sagen 27 Prozent der Inaktiven, sie wüssten nicht, wo sie ein geeignetes Angebot finden könnten, 27 Prozent kennen niemanden, der mitmacht und sogar 37 Prozent meinen, der finanzielle Aufwand sei zu hoch.

Obwohl die Fallzahlen für die hier möglichen Gründe z.T. zu gering sind, um eindeutige statistische Aussagen treffen zu können, sind einige Unterschiede zwischen den Altersgruppen und zwischen Männern und Frauen auszumachen. Vor allem das Alter und dessen Begleiterscheinungen stellt eine wesentliche Barriere für die Aufnahme sportlicher Aktivitäten dar (siehe Tabelle 17). So sagen 68 Prozent in der Altersgruppe der über 60jährigen, ihr Gesundheitszustand lasse Sport- und Bewegungsaktivitäten nicht zu, 75 Prozent bezeichnen sich gar als zu alt für Sport und Bewegung.

Tabelle 17: Gründe für Nichtaktivität – differenziert nach Altersgruppen

	14 - 18 Jahre	19 - 26 Jahre	27 - 40 Jahre	41 - 60 Jahre	61 Jahre und älter
Mein Gesundheitszustand lässt Sport nicht zu (N=108; V=0,540; p≤.001)	20,0	11,1	3,8	36,7	68,4
habe Angst vor Verletzungen (N=103; V=0,331; p≤.01)	0,0	11,1	20,0	18,5	45,9
kein Interesse (N=104; V=0,384; p≤.01)	20,0	33,3	15,4	37,0	62,2
Kraft- und Zeitverschwendung (N=102; V=0,351; p≤.01)	20,0	10,0	0,0	3,7	26,5
ich bin zu alt (N=100; V=0,793; p≤.001)	0,0	0,0	3,8	0,0	75,0
finanzieller Aufwand ist zu hoch (N=103; V=0,384; p≤.05)	80,0	60,0	57,7	37,0	22,9
habe keine Zeit (N=105; V=0,448; p≤.001)	80,0	60,0	57,7	53,3	11,8

Männer und Frauen stimmen weitgehend in den Gründen der Inaktivität überein. Lediglich zwei Aspekte sind unterschiedlich. So geben Frauen überproportional häufiger an, sie kennen niemanden, mit dem sie Sport- und Bewegungsaktivitäten ausüben können. Männer hingegen führen häufiger mangelnde Zeit als Grund für ihre Inaktivität an (ohne tabellarischen Nachweis).

4.4 Die Sport- und Bewegungsaktivitäten der Bevölkerung in Dreieich

4.4.1 Ausgeübte Sport- und Bewegungsaktivitäten

Die Dreieicher Bürgerinnen und Bürger üben über 65 verschiedene Sport- und Bewegungsaktivitäten aus. Neben den klassischen Sportarten wie beispielsweise Fußball finden sich auch relativ neue Sport- und Bewegungsaktivitäten, die stärker den Gesundheitsaspekt betonen.

In Abbildung 9 sind die zehn Sport- und Bewegungsaktivitäten aufgeführt, die von den Dreieicher Bürgerinnen und Bürgern am häufigsten ausgeübt werden. Es handelt sich hierbei um Mehrfachantworten, da jeder Befragte die Möglichkeit hatte, bis zu drei Aktivitäten anzugeben. Im Schnitt werden dabei von den sportlich Aktiven 2,7 Sport- und Bewegungsaktivitäten ausgeübt.

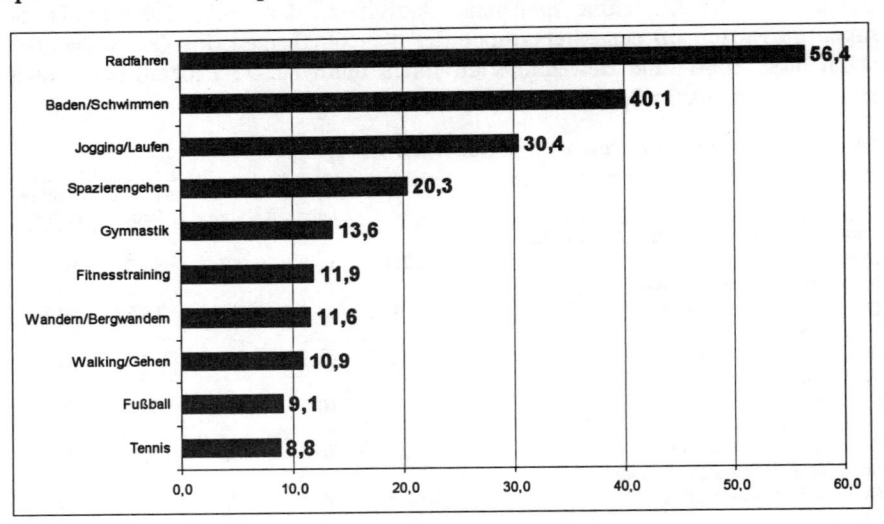

Sportart	Prozent
Radfahren	56,4
Baden/Schwimmen	40,1
Jogging/Laufen	30,4
Spazierengehen	20,3
Gymnastik	13,6
Fitnesstraining	11,9
Wandern/Bergwandern	11,6
Walking/Gehen	10,9
Fußball	9,1
Tennis	8,8

Abbildung 9: Die zehn am häufigsten ausgeübten Sport- und Bewegungsaktivitäten
„Welche Sportarten bzw. Bewegungsaktivitäten üben Sie im Allgemeinen aus?"; Top 10; n=2.625; Angaben in Prozent bezogen auf Anzahl der Fälle (N=977); Mehrfachantworten möglich.

Wie aus der Abbildung ersichtlich wird, rangieren insbesondere ausdauerorientierte freizeitsportliche Aktivitäten an vorderster Stelle. 56 Prozent der aktiven Dreieicher fahren Rad, 40 Prozent baden oder schwimmen und 30 Prozent der Aktiven joggen. Bei den meisten der ersten zehn Aktivitäten handelt es sich um Individualsportarten. Mannschaftssportarten sind mit Ausnahme von Fußball (9,1 Prozent) nicht vertreten.

Verwandte Sport- und Bewegungsaktivitäten können nach der Einteilung des „Leitfadens für die Sportstättenentwicklungsplanung" zu Sportartengruppen zusammengefasst werden (vgl. BISP, 2000, S. 67ff.). So werden beispielsweise alle Formen des Joggings, Walking und Gehen der Sportartengruppe „Laufsport" zugeordnet.

Tabelle 18: Sportartengruppen

	n	Prozentanteil an Nennungen	Prozentanteil an Fällen	Rang
Radsport	583	22,2	59,6	1
Laufsport	420	16,0	43,0	2
Schwimmsport	397	15,1	40,6	3
Gymnastik/Fitnesstraining	320	12,2	32,7	4
Spazieren gehen	198	7,6	20,3	5
Wandern	114	4,3	11,6	6
Fußball	89	3,4	9,1	7
Tennis	86	3,3	8,8	8
Wintersport	43	1,6	4,4	9
Tanzsport	42	1,6	4,3	10
Golf	36	1,4	3,6	11
Rollsport	35	1,3	3,5	12
Kegelsport	26	1,0	2,6	13
Reit- und Fahrsport	21	0,8	2,2	14
Handball	19	0,7	1,9	15
Volleyball	19	0,7	1,9	
Badminton	18	0,7	1,8	16
Basketball	14	0,5	1,4	17
Tischtennis	13	0,5	1,4	
Schwerathletik	13	0,5	1,3	18
Squash	13	0,5	1,3	
Leichtathletik	12	0,5	1,2	19
Wassersport	9	0,4	1,0	20
Turnsport	8	0,3	0,9	21
Budo-/Kampfsport	8	0,3	0,8	22
Motorsport	4	0,1	0,4	23
Schießsport	4	0,2	0,4	
Beach-Sport	3	0,1	0,3	24
Boxen	3	0,1	0,3	
Eissport	2	0,1	0,2	25
Klettersport	2	0,1	0,2	
American Football	1	0,0	0,1	26
Hockey	1	0,0	0,1	
Rugby	1	0,0	0,1	
Weitere Sportarten	49	1,9	5,0	
Gesamt (Gültige Fälle N=977)	*2.625*	*100,0*	*268,5*	

Aus Tabelle 18 geht hervor, dass die Liste der am häufigsten ausgeübten Sportartengruppen vom Rad-, Lauf- und Schwimmsport dominiert wird. Formen der Gymnastik und des Fitnesstrainings rangieren auf dem vierten Rang und werden von einem Drittel der Aktiven ausgeübt. Bei den Sportspielen liegt Fußball mit neun Prozent deutlich vor den anderen Spielen – Handball und Volleyball werden von jeweils knapp zwei Prozent der Aktiven ausgeübt, Basketball von 1,4 Prozent.

In Abbildung 10 sind die Top 10 der am häufigsten ausgeübten Sportartengruppen nach Einordnung in bewegungsaktive Erholung und Sporttreiben dargestellt. Wie aus den Daten abzulesen ist, werden z.B. 64 Prozent der Radsportaktivitäten als bewegungsaktive Erholung ausgeübt, 36 Prozent als überwiegend Sporttreiben. Mit dieser Unterteilung wird nochmals die Annahme unterstrichen, dass die verschiedenen Sport- und Bewegungsaktivitäten mit unterschiedlichen Schwerpunkten betrieben werden.

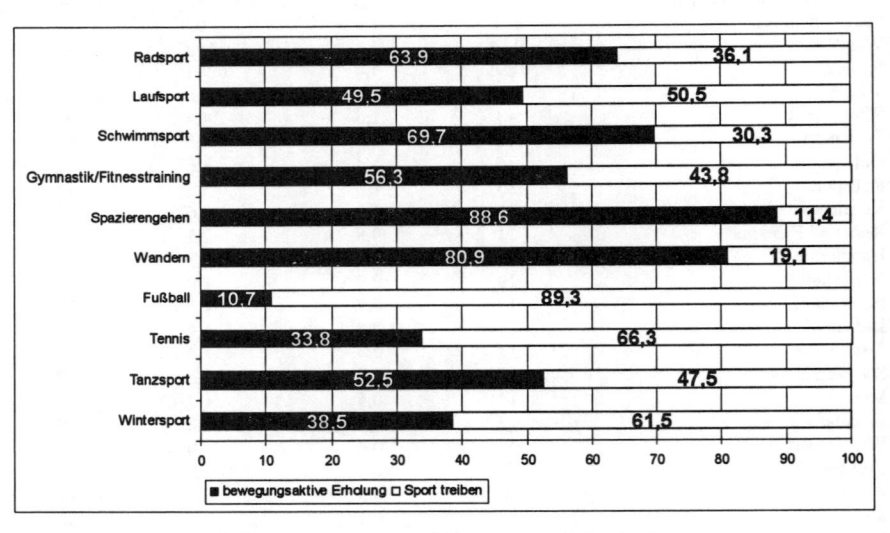

Sportart	bewegungsaktive Erholung	Sport treiben
Radsport	63,9	36,1
Laufsport	49,5	50,5
Schwimmsport	69,7	30,3
Gymnastik/Fitnesstraining	56,3	43,8
Spazierengehen	88,6	11,4
Wandern	80,9	19,1
Fußball	10,7	89,3
Tennis	33,8	66,3
Tanzsport	52,5	47,5
Wintersport	38,5	61,5

Abbildung 10: Top 10 der Sportartengruppen – differenziert nach Art der Bewegung „Wie würden Sie Ihre sportliche Aktivität einordnen?"; Angaben in Prozent (Zeilenprozente); n=2.517; N=932.

Die Befragten sollten auch Angaben dazu machen, ob sie ihre Sport- und Bewegungsaktivitäten im Sommer und Winter überwiegend in oder überwiegend außerhalb von Dreieich ausüben. Im Sommer werden etwa zwei Drittel aller Aktivitäten in Dreieich ausgeübt und etwa ein Drittel außerhalb des Stadtgebietes. Im Winter steigt der Anteil der in Dreieich ausgeübten Sport- und Bewegungsaktivitäten auf 70,1 Prozent leicht an (ohne tabellarischen Nachweis).

Wie Abbildung 11 zeigt, kann zwischen den Sportartengruppen differenziert werden, welche Sport- und Bewegungsaktivitäten überwiegend in oder außerhalb von Dreieich ausgeübt werden. Bezogen auf die Top 10 der Sportartengruppen wird beispielsweise der Laufsport zu 85 Prozent in Dreieich ausgeübt. Natursportarten, die nur saisonal betrieben werden können, werden hingegen hauptsächlich außerhalb von Dreieich ausgeübt. Hierzu zählen insbesondere Wandern sowie alle Formen des Wintersports.

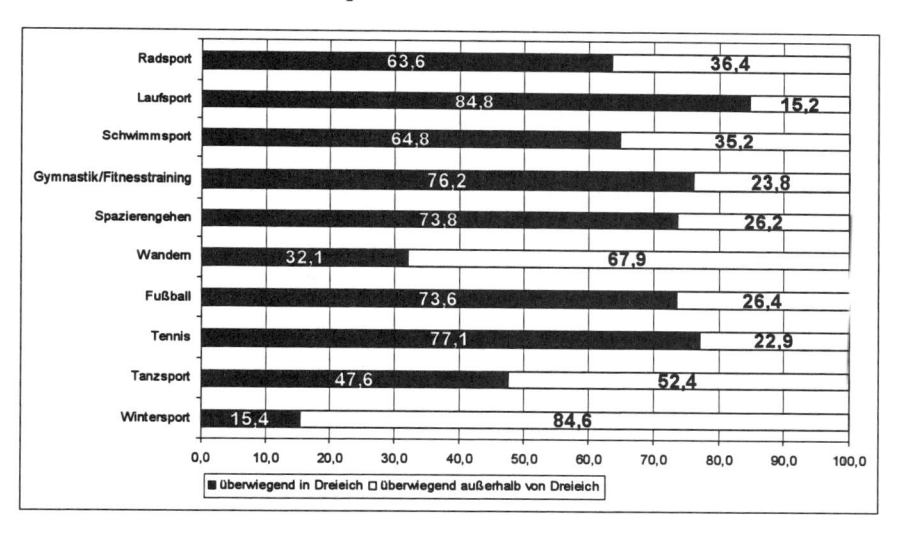

Sportart	überwiegend in Dreieich	überwiegend außerhalb von Dreieich
Radsport	63,6	36,4
Laufsport	84,8	15,2
Schwimmsport	64,8	35,2
Gymnastik/Fitnesstraining	76,2	23,8
Spazierengehen	73,8	26,2
Wandern	32,1	67,9
Fußball	73,6	26,4
Tennis	77,1	22,9
Tanzsport	47,6	52,4
Wintersport	15,4	84,6

Abbildung 11: Top 10 der Sportartengruppen – differenziert nach Ort
„Wo betreiben Sie die von Ihnen eben genannten Sportarten / Bewegungsaktivitäten im Sommer und im Winter?"; Angaben in Prozent (Zeilenprozente); n=4.786.

Fast 85 Prozent der Sport- und Bewegungsaktivitäten werden ohne Wettkampfteilnahme ausgeübt, bei etwa neun Prozent kommt es zu einer regelmäßigen Teilnahme an Rundenwettkämpfen etc. Die restlichen sechs Prozent nehmen gelegentlich an Wettkämpfen, z.B. an Freizeitturnieren oder Volksläufen, teil (ohne tabellarischen Nachweis).

Wiederum kann zwischen den Sport- und Bewegungsaktivitäten ein unterschiedlicher Grad der Wettkampfteilnahme konstatiert werden. Wie Abbildung 12 für die Top 10 der Sportartengruppen zeigt, werden die höchsten Quoten für eine regelmäßige Teilnahme an Wettkämpfen in den klassischen Sportarten erreicht: Beim Fußballsport wird rund die Hälfte aller Aktivitäten unter dem Gesichtspunkt der regelmäßigen Teilnahme am Spielbetrieb betrieben, gefolgt vom Tennissport, wo rund ein Drittel der Aktivitäten auf den regelmäßigen Wettkampfbetrieb entfallen. Hohe Quoten für die gelegentliche Teilnahme an Wettkämpfen entfallen wiederum auf den Fußballsport, Tennis und Tanzsport.

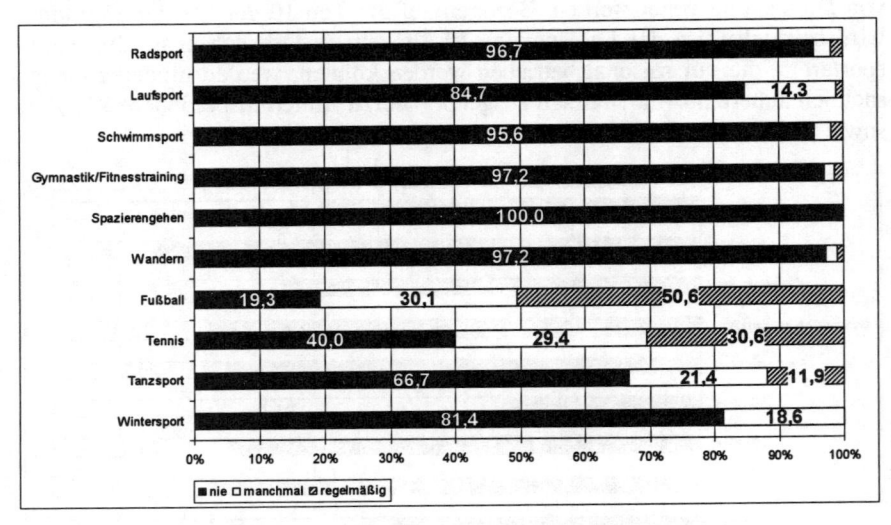

Sportart	nie	manchmal	regelmäßig
Radsport	96,7		
Laufsport	84,7		14,3
Schwimmsport	95,6		
Gymnastik/Fitnesstraining	97,2		
Spazierengehen	100,0		
Wandern	97,2		
Fußball	19,3	30,1	50,6
Tennis	40,0	29,4	30,6
Tanzsport	66,7	21,4	11,9
Wintersport	81,4		18,6

Abbildung 12: Top 10 der Sportartengruppen - differenziert nach Wettkampfteilnahme „Bestreiten Sie in den genannten Sportarten / Bewegungsaktivitäten Wettkämpfe?"; Angaben in Prozent (Zeilenprozente); n=2.551.

Männer und Frauen betreiben zwar nahezu identisch Rad-, Lauf- und Schwimmsport, weisen jedoch bei anderen Sportarten deutliche Präferenzen auf. Wie aus Tabelle 19 hervorgeht, bevorzugen Frauen beispielsweise Gymnastik, Spazierengehen, Tanzen oder Reiten. Typische Männersportarten sind dagegen Fußball, Wintersport, Kegeln, Tischtennis oder Squash.

Tabelle 19: Sportartengruppen – differenziert nach Geschlecht

	gesamt			männlich			weiblich		
	n	Prozentanteil an Fällen	Zeilenprozente	n	Prozentanteil an Fällen	Zeilenprozente	n	Prozentanteil an Fällen	Zeilenprozente
American Football	1	0,1	100,0	1	0,3	100,0			0,0
Badminton	18	1,8	100,0	10	2,1	55,6	8	1,6	44,4
Basketball	14	1,4	100,0	9	1,9	64,3	5	0,9	35,7
Beach-Sport	3	0,3	100,0	2	0,5	66,7	1	0,2	33,3
Boxen	3	0,3	100,0	2	0,5	66,7	1	0,2	33,3
Budo-/Kampfsport	8	0,8	100,0	5	1	62,5	3	0,6	37,5
Eissport	3	0,3	100,0	2	0,4	66,7	1	0,1	33,3
Fußball	89	9,1	100,0	85	17,6	95,5	4	0,8	4,5
Golf	35	3,6	100,0	22	4,6	62,9	13	2,7	37,1
Gymnastik/Fitnesstraining	320	32,8	100,0	106	21,9	33,1	214	43,4	66,9
Handball	19	1,9	100,0	11	2,4	57,9	8	1,5	42,1
Hockey	1	0,1	100,0	1	0,3	100,0			0,0
Kegelsport	25	2,6	100,0	17	3,6	68,0	8	1,6	32,0
Klettersport	2	0,2	100,0	2	0,3	100,0			0,0
Laufsport	419	42,9	100,0	193	40	46,1	226	45,8	53,9
Leichtathletik	11	1,1	100,0	6	1,3	54,5	5	1,1	45,5
Motorsport	4	0,4	100,0	4	0,8	100,0			0,0
Radsport	582	59,6	100,0	305	63,3	52,4	277	56,1	47,6
Reit- und Fahrsport	22	2,3	100,0	2	0,3	9,1	20	4	90,9
Rollsport	34	3,5	100,0	18	3,8	52,9	16	3,3	47,1
Rugby	1	0,1	100,0	1	0,2	100,0			0,0
Schießsport	4	0,4	100,0	4	0,9	100,0			0,0
Schwerathletik	12	1,2	100,0	8	1,8	66,7	4	0,8	33,3
Schwimmsport	396	40,6	100,0	197	40,8	49,7	199	40,3	50,3
Spazierengehen	199	20,4	100,0	73	15,1	36,7	126	25,4	63,3
Squash	12	1,2	100,0	11	2,4	91,7	1	0,3	8,3
Tanzsport	42	4,3	100,0	8	1,7	19,0	34	6,9	81,0
Tennis	85	8,7	100,0	51	10,5	60,0	34	7	40,0
Tischtennis	13	1,3	100,0	11	2,2	84,6	2	0,5	15,4
Turnsport	9	0,9	100,0	1	0,2	11,1	8	1,5	88,9
Volleyball	19	1,9	100,0	11	2,2	57,9	8	1,6	42,1
Wandern	114	11,7	100,0	58	12,1	50,9	56	11,2	49,1
Wassersport	9	0,9	100,0	6	1,3	66,7	3	0,6	33,3
Wintersport	43	4,4	100,0	29	6	67,4	14	2,8	32,6
Weitere Sportarten	49	5,0	100,0	21	4,4	42,9	28	5,6	57,1
Gesamt	2.620	268,4		1.295	268,5	49,4	1.325	268,4	50,6
Gültige Fälle	976			482			494		

4.4.2 Häufigkeit und Dauer der sportlichen Aktivitäten

Weitere planungsrelevante Grundlagen sind die Häufigkeit und die Dauer der ausgeübten sportlichen Aktivitäten. Für die Berechnungen des „Leitfadens für die Sportstättenentwicklungsplanung" wird eine Differenzierung in Sommer- und Winteraktivitäten vorgenommen, denn es ist anzunehmen, dass die Jahreszeit bei einem Großteil der Aktiven einen Einfluss auf die Ausübung sportlicher Aktivitäten hat.

Durchschnittlich werden die Sport- und Bewegungsaktivitäten im Sommer 2,3 mal pro Woche, im Winter 1,9 mal pro Woche ausgeübt. Der zeitliche Umfang, der pro Einheit für die Sport- und Bewegungsaktivitäten aufgebracht wird, variiert zwischen den Sportaktivitäten sowie nach Sommer- und Wintersaison. Durchschnittlich dauert eine Übungseinheit im Sommer 87 Minuten, im Winter 79 Minuten. Golf, Klettern und Wandern sind die Sportartengruppen mit der längsten durchschnittlichen Übungsdauer: Pro Einheit werden hier im Sommer zwischen 202 und 268 Minuten verwandt. In Kapitel 5.1 sind die Durchschnittswerte nach Sportartengruppen detaillierter aufgeschlüsselt.

4.4.3 Orte der Ausübung von sportlichen Aktivitäten

Ein entscheidendes Ergebnis für die Sportstättenentwicklungsplanung ist die tatsächliche Nutzung der vorhanden Sportstätten und Bewegungsräume.[13] Aus Tabelle 20 (Sommerwerte) und Tabelle 21 (Winterwerte) geht hervor, dass die Sportaktivitäten zu einem großen Teil im Wald oder auf Wegen stattfinden (34 Prozent aller Sport- und Bewegungsaktivitäten im Sommer, im Winter 33 Prozent). Weitere wichtige Bewegungsräume sind Straßen oder öffentliche Plätze (zwölf Prozent im Sommer und im Winter) und die Bäder (15 Prozent im Sommer, 14 Prozent im Winter).

Hat man die beliebtesten Sport- und Bewegungsaktivitäten vor Augen, überrascht dieses Ergebnis nicht. Die meisten der favorisierten Sport- und Bewegungsaktivitäten (Top-10-Liste) benötigen nicht zwangsläufig normierte und vordefinierte Anlagen, sondern sie werden vielmehr im öffentlichen Raum ausgeübt, so dass es daher gerechtfertigt ist, vom „Bewegungsraum Stadt" zu sprechen.

---

[13] Diese Werte werden auch für die Zuordnungsfaktoren im Rahmen der Leitfadenberechnungen – differenziert nach Sportartengruppen – benötigt (vgl. Kapitel 5.1).

Insgesamt finden auf den Sportstätten der Grundversorgung (Sportplätze, Sporthallen) im Sommer etwas mehr als zwölf Prozent, im Winter knapp 15 Prozent aller sportlichen Aktivitäten statt.

Tabelle 20: Ort der Sport- und Bewegungsaktivität (Sommer)

Sommer	Hauptaktivität		Zweitaktivität		Drittaktivität		Gesamt	
	n	%	n	%	n	%	n	%
Wald, Wege, Felder, Wiesen	480	33,3	414	35,8	300	32,1	1194	33,8
Straßen, öffentliche Plätze	178	12,4	148	12,8	101	10,8	427	12,1
Freibad	81	5,6	122	10,6	176	18,8	379	10,7
Turn- und Sporthalle, Gymnastikraum	149	10,3	100	8,7	44	4,7	293	8,3
Sondersportanlage	94	6,5	55	4,8	27	2,9	176	5,0
Parkanlagen	77	5,3	59	5,1	35	3,7	171	4,8
Fitness-Studio	92	6,4	55	4,8	19	2,0	166	4,7
Zuhause	65	4,5	39	3,4	54	5,8	158	4,5
Hallenbad	40	2,8	40	3,5	72	7,7	152	4,3
Sportplatz	78	5,4	44	3,8	27	2,9	149	4,2
Offenes Gewässer, Flüsse	24	1,7	33	2,9	36	3,8	93	2,6
Bolzplatz	21	1,5	10	0,9	10	1,1	41	1,2
Spielplatz	14	1,0	6	0,5	4	0,4	24	0,7
anderer Ort	47	3,3	30	2,6	31	3,3	108	3,1
Gesamt	1.440	100,0	1.155	100,0	936	100,0	3.531	100,0

„An welchen Orten üben Sie Ihre Sportarten / Bewegungsaktivitäten aus?"; N=971; Angaben in Prozent bezogen auf die Anzahl der Nennungen (n=3.531); Mehrfachantworten möglich.

Tabelle 21: Ort der Sport- und Bewegungsaktivität (Winter)

Winter	Hauptaktivität		Zweitaktivität		Drittaktivität		Gesamt	
	n	%	n	%	n	%	n	%
Wald, Wege, Felder, Wiesen	379	33,1	307	34,5	248	32,6	934	33,4
Hallenbad	74	6,5	107	12,0	177	23,3	358	12,8
Straßen, öffentliche Plätze	145	12,7	112	12,6	79	10,4	336	12,0
Turn- und Sporthalle, Gymnastikraum	161	14,1	107	12,0	52	6,8	320	11,4
Fitness-Studio	94	8,2	56	6,3	24	3,2	174	6,2
Sondersportanlage	73	6,4	43	4,8	30	3,9	146	5,2
Zuhause	55	4,8	38	4,3	46	6,0	139	5,0
Parkanlagen	56	4,9	38	4,3	22	2,9	116	4,2
Sportplatz	44	3,8	32	3,6	12	1,6	88	3,1
Freibad	7	0,6	9	1,0	18	2,4	34	1,2
Bolzplatz	9	0,8	5	0,6	3	0,4	17	0,6
Offenes Gewässer, Flüsse	7	0,6	4	0,4	6	0,8	17	0,6
Spielplatz	6	0,5	1	0,1	3	0,4	10	0,4
anderer Ort	34	3,0	31	3,5	41	5,4	106	3,8
Gesamt	1.144	100,0	890	100,0	761	100,0	2.795	100,0

„An welchen Orten üben Sie Ihre Sportarten / Bewegungsaktivitäten aus?"; N=901; Angaben in Prozent bezogen auf die Anzahl der Nennungen (n=2.795); Mehrfachantworten möglich.

Der genormte Sportplatz scheint damit kein geeigneter Ort mehr für die „neuen" Sportler zu sein, da nur etwas mehr als vier Prozent aller Sport- und Bewegungsaktivitäten der Dreieicher Bürger dort stattfinden. Es stellt sich daher die Frage, ob die traditionellen Sportplätze (Freianlagen) – in ihrer heutigen Ausstattung – noch zeitgerecht sind und den Bedürfnissen der Bevölkerung entsprechen (vgl. Wetterich, 2002, S. 8f.).

Diese Aussage wird durch eine geschlechtsbezogene Auswertung erhärtet, da der Sportplatz für 6,2 Prozent aller von Jungen und Männern ausgeübten Sport- und Bewegungsaktivitäten als Ausübungsort dient, aber nur für 2,4 Prozent aller Aktivitäten der Mädchen und Frauen. Weitere Unterschiede findet man bei der Nutzung von Sondersportanlagen und Bolzplätzen, die bevorzugt von Jungen und Männern aufgesucht werden. Mädchen und Frauen präferieren dagegen die Turn- und Sporthallen, die Fitness-Studios und das Sporttreiben zu Hause (vgl. Tabelle 22).

Tabelle 22: Ort der Sport- und Bewegungsaktivität – differenziert nach Alter und Geschlecht (Sommer)

	Männer	Frauen	14 bis 18 Jahre	19 bis 26 Jahre	27 bis 40 Jahre	41 bis 60 Jahre	61 Jahre und älter
Turn- und Sporthalle	6,0	10,4	12,1	8,0	7,5	7,7	9,0
Fitness-Studio	4,4	5,0	2,4	10,2	5,5	4,6	2,8
Sportplatz	6,2	2,4	9,7	5,8	5,1	3,4	1,6
Sondersportanlage	6,0	3,9	4,9	3,6	5,1	5,4	5,0
Hallenbad	4,2	4,5	3,6	4,4	3,4	4,0	6,2
Freibad	10,9	10,8	11,3	9,7	10,2	11,9	10,7
Spielplatz	0,5	0,7	1,6	1,5	0,7	0,3	0,2
Bolzplatz	1,8	0,6	2,8	2,7	0,9	0,8	0,5
offenes Gewässer	3,7	2,2	1,6	2,7	2,1	3,6	1,9
Parkanlagen	4,5	5,1	4,5	6,3	6,5	4,5	2,1
Straßen, Plätze	12,5	11,5	15,4	11,9	13,9	10,6	10,6
Wald, Wege	33,3	34,3	22,7	27,3	33,0	36,4	39,0
Zuhause	3,6	4,9	4,0	3,4	4,4	3,7	5,8
sonst.	2,4	3,5	3,2	2,4	1,7	3,1	4,7
Gesamt	*100,0*	*100,0*	*100,0*	*100,0*	*100,0*	*100,0*	*100,0*

„An welchen Orten üben Sie Ihre Sportarten / Bewegungsaktivitäten aus?"; Angaben in Prozent bezogen auf die Anzahl der Nennungen (n=2.795); Geschlecht: gültige Fälle N=969; Altersgruppen: gültige Fälle: N=966; Mehrfachantworten möglich; nur Sommerwerte

Nimmt man eine altersspezifische Betrachtung vor, zeigt sich, dass der Wald und die Wege überwiegend von den älteren Altersgruppen bevorzugt werden. Hallen, Sport-, Spiel- und Bolzplätze werden dagegen eher von den Jüngeren genutzt. Gerade für Kinder, die in dieser Befragung nicht erfasst werden, und Jugendliche besitzen die traditionellen Sportstätten nach wie vor erhöhte Relevanz.

4.4.4 Organisatorischer Rahmen der sportlichen Aktivitäten

17 Prozent aller Sport- und Bewegungsaktivitäten (25 Prozent der Hauptaktivität) werden von den Dreieichern im organisatorischen Rahmen eines Sportvereins betrieben. Damit ist der Sportverein nach wie vor die Nummer 1 unter den institutionellen Sportanbietern.[14] Bei den Sportanbietern in anderer Trägerschaft (gewerbliche Anbieter, private Gymnastikschulen, Volkshochschule etc.) werden insgesamt rund 22 Prozent aller sportlichen Aktivitäten ausgeübt.

Tabelle 23: *Organisatorischer Rahmen der ausgeübten Sport- und Bewegungsaktivitäten*

	Hauptaktivität		Zweitaktivität		Drittaktivität		Gesamt	
	n	%	n	%	n	%	n	%
kein fester organisatorischer Rahmen	543	50,4	576	62,7	577	74,8	1696	61,3
Sportverein	271	25,2	135	14,7	65	8,4	471	17,0
Gewerblicher Anbieter	115	10,7	75	8,2	35	4,5	225	8,1
Private Tanz-/Gymnastik-/Sportschule	31	2,9	21	2,3	11	1,4	63	2,3
Betrieb, Dienststelle, Schule	23	2,1	17	1,8	13	1,7	53	1,9
Volkshochschule	14	1,3	15	1,6	7	0,9	36	1,3
andere Organisationen (Kirchen etc.)	14	1,3	8	0,9	6	0,8	28	1,0
Krankenkasse	3	0,3	5	0,5	2	0,3	10	0,4
Sonstiges	63	5,8	67	7,3	55	7,1	185	6,7
Gesamt	*1.077*	*100,0*	*919*	*100,0*	*771*	*100,0*	*2.767*	*100,0*

„In welchem organisatorischen Rahmen üben Sie Ihre Sportarten / Bewegungsaktivitäten aus?"; N=960; Angaben in Prozent bezogen auf die Anzahl der Nennungen (n=2.767); Mehrfachantworten möglich.

Die große Mehrheit der Sport- und Bewegungsaktivitäten aber, über 60 Prozent, wird im privaten Rahmen, selbstorganisiert und ohne jede institutionelle Anbindung betrieben. Der Trend zum selbstorganisierten Sporttreiben manifestiert sich damit auch in Dreieich. Für die Sportvereine bedeutet dies, dass sie zwar nach wie vor eine starke Stellung haben, aber zunehmend ihr Definitionsmonopol im Sport verlieren werden, wenn sie nicht auf die Wünsche und Bedürfnisse der Bevölkerung reagieren.[15]

---

[14] Zur Mitgliedschaft in den Sportvereinen in Dreieich und zu deren Bewertung vgl. Kapitel 4.7.
[15] Anteile der gewerblichen Anbieter / Sportvereine in anderen Sportverhaltensstudien: Pliezhausen 2000: 7,7%/22,6%; Sindelfingen 2000: 10,6%/19,6%; Mannheim 2000*: 7%/16%; Kostanz 2000*: 6,2%/14%; Fellbach 2001: 5,8%/22,5%; Tuttlingen 2001: 6,8%/24,1%; Esslingen a.N.: 6,3%/20,4%; Remseck am Neckar 2003: 4,2%/14,4%; Münster 2003*: 7,9%/14%; Freiburg 2003: 10,7/10,7 (* Befragung ab 10 Jahre).

Tabelle 24: Organisatorischer Rahmen der ausgeübten Sport- und Bewegungsaktivitäten – differenziert nach Alter und Geschlecht

	Männer	Frauen	14 bis 18 Jahre	19 bis 26 Jahre	27 bis 40 Jahre	41 bis 60 Jahre	61 Jahre und älter
Sportverein	18,1	16,1	25,4	13,4	16,5	17,0	16,3
Gew. Anbieter	8,1	8,1	6,6	12,0	10,0	8,0	4,8
Private T/G-Schule	1,0	3,5	3,9	2,1	1,8	2,0	3,0
VHS	0,4	2,1	1,1	2,1	0,5	1,6	1,3
Sonstige Organisationen	0,5	1,4	1,1	1,4	0,4	0,7	2,1
Krankenkassen	0,4	0,3	0,6	0,4	0,1	0,2	0,5
Betrieb, Dienststelle, Schule	2,3	1,4	12,7	1,4	2,0	0,9	0,5
privat	62,8	59,9	43,6	59,0	60,5	63,7	65,3
sonst.	6,3	7,1	5,0	8,1	8,1	6,0	6,1
Gesamt	100,0	100,0	100,0	100,0	100,0	100,0	100,0

„In welchem organisatorischen Rahmen üben Sie Ihre Sportarten / Bewegungsaktivitäten aus?"; Angaben in Prozent bezogen auf die Anzahl der Nennungen; Geschlecht: gültige Fälle N=948; Altersgruppen: gültige Fälle N=955; Mehrfachantworten möglich.

Während eine geschlechtsspezifische Auswertung nur in wenigen Bereichen Unterschiede offenbart, zeigt sich erwartungsgemäß, dass die jüngeren Altersgruppen ihre Sportaktivitäten überdurchschnittlich im Sportverein, in Schule/Betrieb und in privaten Tanz- und Gymnastikschulen ausüben. Die Altersgruppen der 19 bis 40jährigen bevorzugen eher die gewerblichen Anbieter, während Ältere sich in stärkerem Maße im privaten Rahmen bewegen.

4.4.5 Anfahrt zu den Sport- und Bewegungsaktivitäten

Gerade in städtischen Verdichtungsräumen ist zu fragen, ob die Sportstätten und Sportgelegenheiten schnell und sicher zu erreichen sind. Aus ökologischer sowie aus stadt- und verkehrsplanerischer Sicht sind daher Angaben zur Wahl des Verkehrsmittels, zur durchschnittlichen Entfernung in Kilometern und zur durchschnittlichen Dauer der Anfahrt von großem Interesse.

In Dreieich werden bei 36 Prozent der Sport- und Bewegungsaktivitäten die Sportstätten und Sportgelegenheiten mit dem Auto oder dem Motorrad angesteuert, 30 Prozent zu Fuß und 29 Prozent mit dem Fahrrad. Der Anteil des Öffentlichen Personennahverkehrs ist mit rund vier Prozent relativ niedrig (siehe Tabelle 25).

Tabelle 25: Genutzte Verkehrsmittel

	Hauptaktivität		Zweitaktivität		Drittaktivität		Gesamt	
	n	%	n	%	n	%	n	%
zu Fuß	391	12,5	292	9,3	265	8,5	948	30,3
Fahrrad	343	11,0	330	10,5	234	7,5	907	29,0
Mofa / Moped	14	0,4	12	0,4	4	0,1	30	0,9
Auto / Motorrad	425	13,6	366	11,7	325	10,4	1116	35,7
Bahn oder Bus	53	1,7	41	1,3	35	1,1	129	4,1
Gesamt	*1226*	*39,2*	*1041*	*33,2*	*863*	*27,6*	*3130*	*100*

„Mit welchen Verkehrsmitteln erreichen Sie die Sportstätten und Sportgelegenheiten"; N=965; Angaben in Prozent bezogen auf die Anzahl der Nennungen (n=3.130); Mehrfachantworten möglich.

Differenziert man die Nennungen des gewählten Verkehrsmittels nach Sportarten, fallen deutliche Unterschiede ins Auge. Tabelle 26 zeigt, mit welchen Verkehrsmitteln die einzelnen Sport- und Bewegungsaktivitäten aufgesucht werden. Beispielsweise erreichen 16 Prozent der Fußballer ihre Sportstätten zu Fuß, 32 Prozent mit dem Fahrrad, etwa vier Prozent mit dem Mofa oder Moped und 43 Prozent mit dem Auto oder dem Motorrad, knapp fünf Prozent mit öffentlichen Verkehrsmitteln.

Tabelle 26: Genutzte Verkehrsmittel– differenziert nach Sportartengruppen (Top 10)

	zu Fuß	Fahrrad	Mofa /Moped	Auto / Motorrad	Bahn / Bus	gesamt
Fußball	16,2	32,3	3,8	43,1	4,6	100,0
Gymnastik/Fitnesstraining	22,5	25,0	1,0	49,2	2,3	100,0
Laufsport	66,5	12,8	0,4	19,1	1,2	100,0
Radsport	19,3	69,5	0,0	9,2	2,0	100,0
Schwimmsport	16,7	33,3	2,0	42,0	6,0	100,0
Spazierengehen	74,4	6,8	0,0	17,9	1,0	100,0
Tanzsport	15,7	7,8	0,0	70,6	5,9	100,0
Tennis	9,9	27,9	0,9	60,4	0,9	100,0
Wandern	32,9	7,5	0,0	44,5	15,1	100,0
Wintersport	7,3	2,4	0,0	82,9	7,3	100,0

Die durchschnittliche Entfernung zur Sportstätte / Sportgelegenheit der Hauptaktivität beträgt neun Kilometer, zur Zweitaktivität knapp 20 Kilometer und zur Drittaktivität rund 30 Kilometer (siehe Tabelle 27). Im Vergleich mit Sportlern in anderen Städten nehmen dabei die Dreieicherinnen und Dreieicher deutlich längere Wege auf sich, um einer Sport- und Bewegungsaktivität nachzugehen. Dies liegt sicherlich zum einen an der geographischen Zersplitterung der Stadt Dreieich und ihrer fünf Ortsteile. Andererseits aber werden rund ein Drittel der Aktivitäten überwiegend außerhalb von Dreieich ausgeübt. Dies bedingt längere Anfahrtswege (vgl. Kapitel 4.4.1).

Tabelle 27: Entfernung der Sportstätte und Dauer der Anfahrt

	Entfernung in km			Zeitdauer für Anfahrt in Min.		
	Mittelwert	n	sd	Mittelwert	n	sd
Hauptaktivität	9,2	711	39,6	12,0	795	23,5
Zweitaktivität	19,7	600	81,9	17,6	669	49,3
Drittaktivität	29,7	514	113,8	24,8	552	76,2

„Wie lange brauchen Sie, um den Ort zu erreichen, an dem Sie Ihre Sportaktivitäten (A, B, C) zumeist ausüben?";
Mittelwerte; Mehrfachantworten möglich.

Mit den deutlich höheren Anfahrtswegen geht ebenfalls eine erhöhte Dauer der Anfahrt zu den Sport- und Bewegungsaktivitäten einher. Der Ort der Hauptaktivität wird durchschnittlich nach zwölf Minuten erreicht, der der Zweitaktivität nach etwa 18 Minuten und der der Drittaktivität erst nach 25 Minuten. Tabelle 28 gibt einen Überblick über die durchschnittliche Entfernung der Sportstätte / Sportgelegenheit in Kilometern sowie die durchschnittliche Dauer der Anfahrt in Minuten, differenziert nach den verschiedenen Sportartengruppen.

Bei der Planung und Ausweisung von Sport- und Bewegungsräumen wird in Zukunft verstärkt die Wohnortnähe zu berücksichtigen sein, um Freizeitfahrten mit dem PKW zu reduzieren. Alternativ sollten außerhalb gelegene Sporträume verstärkt an den Öffentlichen Nahverkehr angeschlossen werden.

Tabelle 28: Entfernung der Sportstätte und Dauer der Anfahrt – differenziert nach Sportartengruppen

	Dauer der Anreise in Minuten		Entfernung in Kilometer	
	Mittelwert	N	Mittelwert	N
American Football	1,0	1	1,0	1
Badminton	16,2	18	11,4	17
Basketball	25,9	11	5,7	6
Beach-Sport	22,5	3	13,8	3
Boxen	6,2	2	3,2	2
Budo-/Kampfsport	24,2	7	16,1	7
Eissport	30,0	3	20,0	2
Fußball	10,5	89	12,4	85
Golf	28,6	35	27,3	35
Gymnastik/Fitnesstraining	10,5	278	5,9	248
Handball	10,9	17	4,0	17
Hockey	15,0	1	11,2	1
Kegelsport	12,7	26	5,6	26
Klettersport	132,5	2	158,5	2
Laufsport	5,6	318	3,1	273
Leichtathletik	14,8	12	7,7	11
Motorsport	45,0	3	42,3	3
Radsport	7,2	317	2,8	271
Reit- und Fahrsport	22,5	21	28,2	20
Rollsport	9,8	25	7,1	23
Rugby	25,0	1	20,0	1
Schießsport	21,9	4	27,9	4
Schwerathletik	13,2	11	4,2	10
Schwimmsport	14,2	358	6,7	330
Spazieren gehen	7,4	118	6,3	109
Squash	13,3	13	7,7	13
Tanzsport	15,0	37	9,6	34
Tennis	10,0	84	4,8	81
Tischtennis	10,9	13	8,9	11
Turnsport	11,2	7	2,1	6
Volleyball	13,2	18	7,0	18
Wandern	58,0	73	86,6	72
Wassersport	123,2	8	191,9	9
Wintersport	318,7	28	447,0	28
Weitere Sportarten	18,4	41	11,0	36

4.5 Meinungen und Einstellungen der Dreieicher zum Sportleben in ihrer Stadt

4.5.1 Beurteilung vorhandener Angebote, Sportstätten und Sportgelegenheiten

Bei der Gestaltung einer sport- und bewegungsgerechten Kommune stehen im Wesentlichen die Sportstätten und -gelegenheiten sowie die Sport- und Bewegungsangebote im Mittelpunkt, die die Bürger zu mehr Sport und Bewegung animieren sollen. Bei der Bewertung der bestehenden Bedingungen für bewegungsaktive Erholung und Sporttreiben lassen sich oftmals Problembereiche und damit wichtige Ansatzpunkte für die Arbeit der kooperativen Planungsgruppe identifizieren.

Kategorie	Prozent
vorhandene Sportangebot	62,8
Möglichkeiten für Befragten, im Wohnumfeld aktiv zu sein	60,2
vorhandene Sportanlagen (Anzahl)	53,3
Möglichkeiten für Kinder, im Wohnumfeld aktiv zu sein	48,6
vorhandene Sportanlagen (Öffnungszeiten)	42,3
Aktivitäten der Kommune für die sportaktiven Bürger	40,9
vorhandene Sportanlagen (baulicher Zustand)	31,9
Informationen über Sportangebot	31,7
vorhandene Sportgelegenheiten	30,4

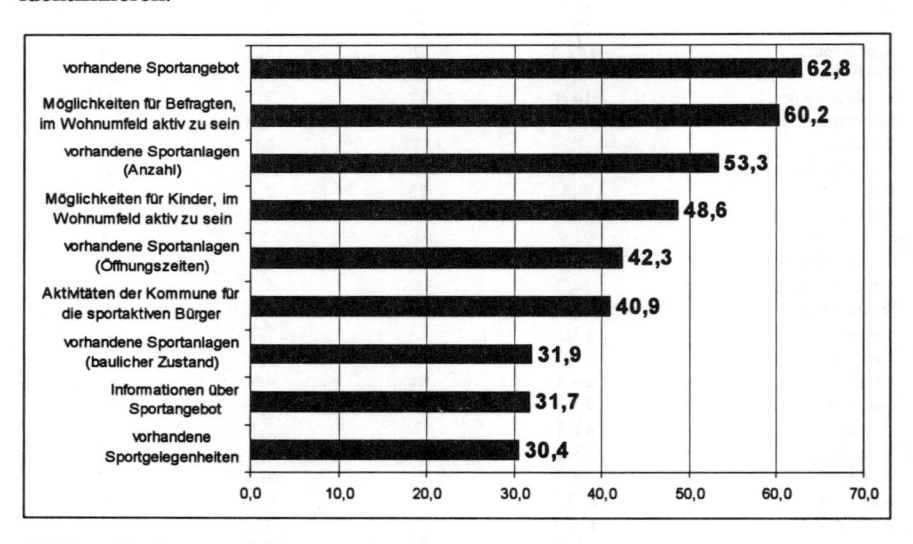

Abbildung 13: Aussagen zu Sport und Bewegung in Dreieich
„Wir haben einige Aussagen zu den Bedingungen von bewegungsaktiver Erholung / Sporttreiben in Dreieich zusammengestellt. Wie beurteilen Sie ..."; N=639-981; kumulierte Prozentwerte von „sehr gut" und „gut"; Angaben in Prozent.

In Dreieich werden das vorhandene Sportangebot und die Möglichkeiten für die Befragten, im Wohnumfeld aktiv zu sein, größtenteils positiv bewertet. Zwischen 60 und 63 Prozent der Befragten beurteilen diese Punkte mit sehr gut oder gut (siehe Abbildung 13). Kritischer werden die Anzahl der vorhandenen Sportanlagen und die Möglichkeiten für Kinder, im Wohnumfeld aktiv zu sein, eingeschätzt. Die Öffnungszeiten der vorhandenen Sportanlagen, die Aktivitäten der

Kommune, der bauliche Zustand, die Informationen über das Sportangebot sowie die vorhandenen Sportgelegenheiten werden nur von weniger als der Hälfte der Befragten mit sehr gut oder gut bewertet.

Im Städtevergleich wird deutlich, dass die Bedingungen für Sport und Bewegung in Dreieich im Großen und Ganzen eher durchschnittlich bewertet werden. Allerdings sieht die Bevölkerung in Bezug auf die Aktivitäten der Kommune und insbesondere auf die Informationen über das vorhandene Sportangebote Defizite, wie die im Vergleich niedrigen Werte belegen.

Tabelle 29: Bewertungen im Städtevergleich

	Dreieich 2004	Freiburg 2003	Remseck 2003	Tuttlingen 2001	Esslingen 2001	Fellbach 2001
das vorhandene Sportangebot	62,8	71,6	56,4	69,3	69,3	76,1
die Möglichkeit für Sie, im Wohnumfeld bew. Erholung oder Sport zu treiben	60,2	68,8	51,8	57,8	46,7	66,7
die vorhandenen Sportanlagen hinsichtlich ihrer Anzahl	53,3	57,3	51,0	65,7	41,0	68,3
Möglichkeit für Kinder, im Wohnumfeld bew. Erholung oder Sport zu treiben	48,6	49,0	42,4	43,0	35,7	54,4
die vorhandenen Sportanlagen hinsichtlich ihrer Öffnungszeiten	42,3	n.a.	41,4	59,0	33,2	52,0
die Aktivitäten der Kommune für die sport- und bewegungsaktiven Bürger	40,9	49,9	43,2	61,7	42,7	63,1
die vorhandenen Sportanlagen hinsichtlich ihres baulichen Zustandes	31,9	n.a.	30,2	51,4	22,2	45,9
die Informationen über das Spiel-, Sport- und Bewegungsangebot	31,7	43,0	48,7	49,9	37,0	57,8
die vorhandenen Sportgelegenheiten	30,4	59,5	31,7	39,7	23,8	43,4

Die bisher genannten Ergebnisse beziehen sich auf die Gesamtstadt. Es ist allerdings anzunehmen, dass die Unzufriedenheit nicht in allen Ortsteilen gleichermaßen vorhanden ist. Aus diesem Grund haben wir die genannten Aussagen nochmals einer Analyse unterzogen, dieses Mal mit dem Hilfsmerkmal „Herkunft des Befragten". Die zugrundegelegte Vermutung lautet dabei, dass die Befragten zunächst die Gegebenheiten in ihrem direkten Wohnumfeld bewerten und diese dann auf die Gesamtstadt übertragen. Tabelle 30 zeigt die Ergebnisse dieser Analyse.

Orientierungswerte der ortsteilspezifischen Auswertungen sind die ermittelten Werte für die Gesamtstadt, also die kumulierten Antworten von „sehr gut" und „gut". Wird in einem Ortsteil der Wert um mindestens fünf Prozentpunkte unterschritten, wird der Wert mit (-) gekennzeichnet. Wird umgekehrt der Wert um mindestens fünf Prozentpunkte überschritten, ist das entsprechende Feld mit (+) gekennzeichnet.

Tabelle 30: Bewertungen nach Ortsteilen

	Dreieich gesamt	Buchschlag	Dreieichenhain	Götzenhain	Offenthal	Sprendlingen
vorhandene Sportangebot	62,8	68,1 (+)	68,5 (+)	62,5	64,4	59,7
Möglichkeiten für Befragten, im Wohnumfeld aktiv zu sein	60,2	76,1 (+)	68,4 (+)	69,1 (+)	56,9	53,3 (-)
vorhandene Sportanlagen (Anzahl)	53,3	58,4 (+)	58,0 (+)	55,7	57,4	49,3
Möglichkeiten für Kinder, im Wohnumfeld aktiv zu sein	48,6	54,1 (+)	56,0 (+)	52,3	55,1 (+)	42,0 (-)
vorhandene Sportanlagen (Öffnungszeiten)	42,3	35,5 (-)	43,0	47,9 (+)	38,5	42,5
Aktivitäten der Kommune für die sportaktiven Bürger	40,9	41,2	46,1 (+)	35,3 (-)	43,8	39,1
vorhandene Sportanlagen (baulicher Zustand)	31,9	33,3	41,9 (+)	25,9 (-)	27,8	30,4
Informationen über Sportangebot	31,7	28,3	31,3	29,3	29,8	33,3
vorhandene Sportgelegenheiten	30,4	36,9 (+)	38,1 (+)	32,6	27,8	26,2

„Wir haben einige Aussagen zu den Bedingungen von bewegungsaktiver Erholung / Sporttreiben in Dreieich zusammengestellt."; N=636-978; kumulierte Prozentwerte von „sehr gut" und „gut"; Angaben in Prozent. Signifikant sind die Unterschiede bzgl. der Bewegungsmöglichkeiten im Wohnumfeld für die Befragten (N=978, V=0,091, p≤.001) und die Kinder (N=822, V=0,091, p≤.05).

Tabelle 30 zeigt deutlich, dass die ermittelten Gesamtwerte in den Ortsteilen z.T. erheblich differieren. Dabei stechen insbesondere die Werte für Buchschlag und Dreieichenhain hervor – hier werden bei vielen der zu bewertenden Punkte überdurchschnittliche Zensuren vergeben. Eher unterdurchschnittliche Bewertungen finden sich in den Ortsteilen Götzenhain (Aktivitäten der Kommune, baulicher Zustand der vorhandenen Sportanlagen) und in Sprendlingen (Möglichkeiten für die Befragten und für Kinder, im Wohnumfeld aktiv zu sein).

Statistisch signifikante Unterschiede bestehen bei einigen Aussagen, wenn man das Alter der Befragten berücksichtigt. Wie aus Tabelle 31 hervorgeht, sind v.a. die jüngeren Altersgruppen in manchen Punkten kritischer als die älteren Dreieicherinnen und Dreieicher. Dies betrifft insbesondere die Einschätzung der Aktivitäten der Kommune für die sport- und bewegungsaktiven Bürger, die Informationen über das Sportangebot sowie die vorhandenen Sportangebote in Dreieich.

Tabelle 31: Bewertungen nach Altersgruppen

	Aktivitäten der Kommune für sport- und bewegungsaktiven Bürger	Informationen über Sportangebot	vorhandene Sportangebot
bis 18 Jahre	26,3	17,0	48,9
19 bis 26 Jahre	32,2	15,1	45,8
27 bis 40 Jahre	31,9	25,9	60,3
41 bis 60 Jahre	39,1	32,7	63,5
61 Jahre und älter	57,2	48,5	76,1
Gesamt	*40,9*	*31,7*	*30,4*

„Wir haben einige Aussagen zu den Bedingungen von bewegungsaktiver Erholung / Sporttreiben in Dreieich zusammengestellt."; kumulierte Prozentwerte von „sehr gut" und „gut"; Angaben in Prozent; Aktivitäten: N=637, V=0,132; p≤.001; Informationen: N=785, V=0,140; p≤.001; Sportangebot: N=735, V=0,116; p≤.001.

4.5.2 Präferenzen der Bürgerinnen und Bürger im Sportstättenbau

Von besonderem Interesse erscheint vor dem Hintergrund der Bewertungen durch die Bevölkerung die Frage, durch welche Maßnahmen ein evtl. vorhandener Mangel an Sportstätten und Bewegungsgelegenheiten behoben werden kann. Grundsätzlich wären alle Maßnahmen vom Neubau normierter Sportanlagen bis hin zur Umgestaltung sog. Sportbrachen denkbar. Die Studienteilnehmer wurden darum gebeten, 100 Punkte anhand einer vorgegebenen Liste auf verschiedene Maßnahmen zu verteilen – je mehr Punkte verteilt werden, desto höher ist die Dringlichkeit einer Verbesserung.

Tabelle 32: Verbesserungen im Infrastrukturbereich

Verbesserungsmöglichkeit	Mittelwert
Verbesserung der Bäderinfrastruktur	20,5
Sanierung der bestehenden Sportstätten	18,0
Bewegungsfreundliche Umgestaltung der bestehenden Schulhöfe	16,3
Ergänzung und Umbau der bestehenden Sportstätten	14,6
Bewegungsfreundliche Gestaltung des Wohnumfeldes	13,7
Bau einfacher und dezentraler Sportgelegenheiten	11,8
Bau neuer wettkampfgerechter Sportstätten	5,0
Gesamt	*100,0*

„Nehmen wir an, die Stadt möchte einen bestimmten Betrag für Verbesserungen im Bereich von Sport- und Bewegungsräumen ausgeben. Sie haben nun 100 Punkte, die für diesen Geldbetrag stehen. Wie sollte dieser Geldbetrag (= 100 Punkte) ihrer Meinung nach auf die unten stehenden Möglichkeiten aufgeteilt werden?"; N=998; Mittelwerte.

Der Punkteverteilung zufolge würden die Dreieicher Bürgerinnen und Bürger in die Ergänzung und die qualitative Verbesserung sowie in die Sanierung der vorhandenen Sportanlagen investieren. Hierauf entfallen 33 der 100 Punkte. Weitere 20 Punkte würden die Dreieicher in die Verbesserung der Bäderinfrastruktur investieren.

Jedoch stehen nicht nur die normierten Sportstätten im Blickfeld der Bürger, sondern auch die bewegungsfreundliche Umgestaltung des Wohnumfeldes sowie die Verbesserung der Ausstattung mit einfachen und dezentralen Sportgelegenheiten. Hier werden 14 bzw. 12 Punkte verteilt. Mit 16 Punkten würde die bewegungsfreundliche Umgestaltung von Pausen- und Schulhöfen gefördert. Eher nachrangig betrachten die Bürgerinnen und Bürger den Bau neuer wettkampfgerechter Sportanlagen – hierfür würden sie lediglich fünf der 100 Punkte ausgeben.

Die präsentierten Zahlen lassen den Schluss zu, dass in Dreieich insgesamt nicht die Erhöhung der Anzahl von Anlagen im Mittelpunkt stehen sollte, sondern die qualitative Verbesserung und Ergänzung vorhandener Bewegungsräume in Richtung Freizeit- und Gesundheitssport. Dabei sind die Bedürfnisse der verschiedenen Sportlergruppen zu berücksichtigen. So unterscheiden sich beispielsweise die Bedürfnisse der Sportvereinsmitglieder deutlich von den Nichtvereinsmitgliedern.

Tabelle 33. Verbesserungen im Infrastrukturbereich – differenziert nach Vereinsmitgliedschaft

	ja, Mitglied in einem Sportverein	nein, kein Mitglied in einem Sportverein
Bau einfacher und dezentraler Sportgelegenheiten ($p \leq .01$)	10,2	12,7
Bewegungsfreundliche Umgestaltung der bestehenden Pausenhöfe (n.s.)	15,1	17,1
Bau neuer wettkampfgerechter Sportstätten ($p \leq .001$)	7,1	3,8
Ergänzung und Umbau der bestehenden Sportstätten ($p \leq .001$)	16,9	13,2
Verbesserung der Bäderinfrastruktur (n.s.)	19,3	21,1
Sanierung der bestehenden Sportstätten ($p \leq .001$)	20,6	16,6
Bewegungsfreundliche Gestaltung des Wohnumfeldes ($p \leq .001$)	10,8	15,5

Mittelwerte; N=993-994

Erwartungsgemäß favorisieren die Vereinsmitglieder überdurchschnittlich den Neubau, die Sanierung und den Umbau regulärer Sportstätten, während die Nichtvereinsmitglieder signifikant häufiger Punkte für den Bau einfacher Sportgelegenheiten und für die bewegungsfreundliche Gestaltung des Wohnumfeldes vergeben. Auch dieses Ergebnis zeigt, dass eine ausgewogene Zusammensetzung der kooperativen Planungsgruppe notwendig ist, wenn die Interessen der Bevölkerung umfassend vertreten werden sollen.

Während Frauen vor allem die bewegungsfreundliche Gestaltung der Schulhöfe stärker als die Männer gewichten und weniger Punkte auf den Neu- und Umbau von Sportstätten verteilen würden,[16] zeigt Tabelle 34, dass v.a. die jüngeren (14 bis 18 Jahre) den Bau einfacher und dezentraler Sportgelegenheiten sowie den Bau neuer wettkampfgerechter Sportstätten befürworten. Was sich auf den ersten Blick als Widerspruch darstellt, zeigt die Tendenzen im Sportverhalten von Jugendlichen auf: Zum einen ist nach wie vor ein Großteil der im Verein organisierten Jugendlichen im Wettkampfbetrieb aktiv – der Wunsch nach wettkampfgerechten Sportstätten ist dadurch nachvollziehbar. Auf der anderen Seite finden Jugendliche, die unorganisiert sportlich aktiv sein möchten, in vielen Kommunen nur wenig adäquate Bewegungsräume vor – dies gilt offenbar auch in abgeschwächter Form für Dreieich.

Tabelle 34: Verbesserungen im Infrastrukturbereich – differenziert nach Altersgruppen

	14 bis 18 Jahre	19 bis 26 Jahre	27 bis 40 Jahre	41 bis 60 Jahre	61 Jahre und älter
Bau einfacher und dezentraler Sportgelegenheiten ($p \leq .001$)	15,7	12,8	14,0	11,3	8,4
Bewegungsfreundliche Umgestaltung der bestehenden Schulhöfe ($p \leq .05$)	12,4	14,2	18,2	17,6	14,2
Bau neuer wettkampfgerechter Sportstätten ($p \leq .001$)	15,8	8,4	4,5	3,6	3,8
Sanierung der bestehenden Sportstätten ($p \leq .05$)	16,6	16,8	16,7	17,8	21,1
Verbesserung der Bäderinfrastruktur ($p \leq .01$)	14,5	19,9	19,8	19,7	24,6

Bewegungsfreundliche Schulhöfe werden v.a. von den Altersgruppen der 27 bis 40jährigen bzw. den 41 bis 60jährigen gefordert, also jenen Gruppen, die wahrscheinlich die meisten Kinder im schulpflichtigen Alter haben. Die Sanierung der bestehenden Sportstätten und die Verbesserung der Bäderinfrastruktur wird am stärksten von der ältesten Altersgruppe der 61 bis 74jährigen gewünscht.

---

[16] Schulhöfe: Frauen 18,6 - Männer 14,0 ($p \leq .001$); Neue wettkampfgerechte Sportstätten: Frauen 4,1 - Männer 6,1 ($p \leq .01$); Ergänzung und Umbau der bestehenden Sportstätten: Frauen 13,4 – Männer 15,8 ($p \leq .01$).

4.5.3 Präferenzen der Bürgerinnen und Bürger bei Sportangeboten

In der bisherigen Analyse wurde mehrfach darauf verwiesen, dass der Großteil der Sport- und Bewegungsaktivitäten in Dreieich im Bereich des Freizeit- und Gesundheitssports liegt. Dies spiegelt sich auch in der 100-Punkte-Frage zu den Angeboten wider. Wir wollten von den Befragten wissen, wie sie – beispielsweise bei Haushaltsberatungen der Stadtverordnetenversammlung – einen Betrag von 100 Punkten auf verschiedene Sportbereiche verteilen würden.

Tabelle 35: Verbesserungen im Angebotsbereich

Verbesserungsmöglichkeit	Mittelwert
Unterstützung von Vereinsangeboten im Freizeitsport	36,5
Unterstützung des vereinsgebundenen Wettkampfsports	17,8
Unterstützung von Angeboten / Kursen außerhalb der Vereine	16,6
Förderung großer Freizeitsportveranstaltungen	15,2
Förderung sportlicher Großveranstaltungen	7,1
Unterstützung des Hochleistungssports	6,8
Gesamt	*100,0*

„Nehmen wir an, die Stadt Dreieich möchte einen bestimmten Geldbetrag im Sport- und Freizeitbereich ausgeben. Sie haben nun 100 Punkte, die für diesen Geldbetrag stehen. Wie sollte dieser Geldbetrag (= 100 Punkte) ihrer Meinung nach auf die unten stehenden Möglichkeiten aufgeteilt werden?"; N=985; Mittelwerte.

Aus den Durchschnittswerten der verteilten Punkte gehen zwei Aspekte eindeutig hervor: Einerseits wird nochmals die starke Freizeitsportorientierung der Befragten deutlich, andererseits wird das große Vertrauen spürbar, das die Bevölkerung nach wie vor in die Sportvereine als Anbieter setzt. Die Unterstützung von Vereinsangeboten im Freizeitsport wird von den Befragten mit 36 von 100 Punkten bedacht, weitere 15 Punkte entfallen auf große Freizeitsportveranstaltungen. Zudem werden 17 Punkte für Angebote außerhalb der Sportvereine vergeben, also beispielsweise für VHS-Kurse oder Angebote gewerblicher Anbieter. Die restlichen Punkte verteilen sich auf Großveranstaltungen (sieben Punkte), Hochleistungssport (sieben Punkte) und wettkampforientierte Angebote der Vereine (18 Punkte).

Deutlich unterschiedlich verteilen die verschiedenen Altersgruppen die zur Verfügung stehenden Punkte. So würden die jüngeren Altersgruppen bis 26 Jahre deutlich stärker Großveranstaltungen und den Hochleistungssport fördern. Hingegen ist mit ansteigendem Alter eine stärkere Bevorzugung der Vereinsangebote im Freizeitsport zu beobachten – hier steigen die vergebenen Punkte von 25 in der jüngsten Altersgruppe auf 41 in der höchsten Altersgruppe. Angebote und Kurse außerhalb der Vereine sind insbesondere für die jüngeren Erwachsenen (19 bis 40 Jahre) von Interesse (vgl. Tabelle 36).

Tabelle 36: *Verbesserungen im Angebotsbereich – differenziert nach Altersgruppen*

	14 bis 18 Jahre	19 bis 26 Jahre	27 bis 40 Jahre	41 bis 60 Jahre	61 Jahre und älter
Förderung sportlicher Großveranstaltungen ($p \leq .001$)	16,3	9,5	8,2	4,6	6,0
Unterstützung von Vereinsangeboten im Freizeitsport ($p \leq .001$)	25,4	29,6	34,5	39,2	41,0
Unterstützung von Angeboten außerhalb der Vereine ($p \leq .001$)	15,6	19,0	19,1	17,3	11,6
Unterstützung des Hochleistungssports ($p \leq .001$)	11,6	10,6	6,5	5,9	5,9

Auswertungen bezüglich der Merkmale Geschlecht und Vereinszugehörigkeit zeigen erwartungsgemäß, dass Frauen eher Angebote im Freizeit- als im Wettkampfsport bevorzugen (vgl. Abbildung 14) und Vereinsmitglieder alle Vereinsangebote stärker gewichten, aber Kurse und Angebote außerhalb der Vereine eher kritischer beurteilen (ohne tabellarischen Nachweis).

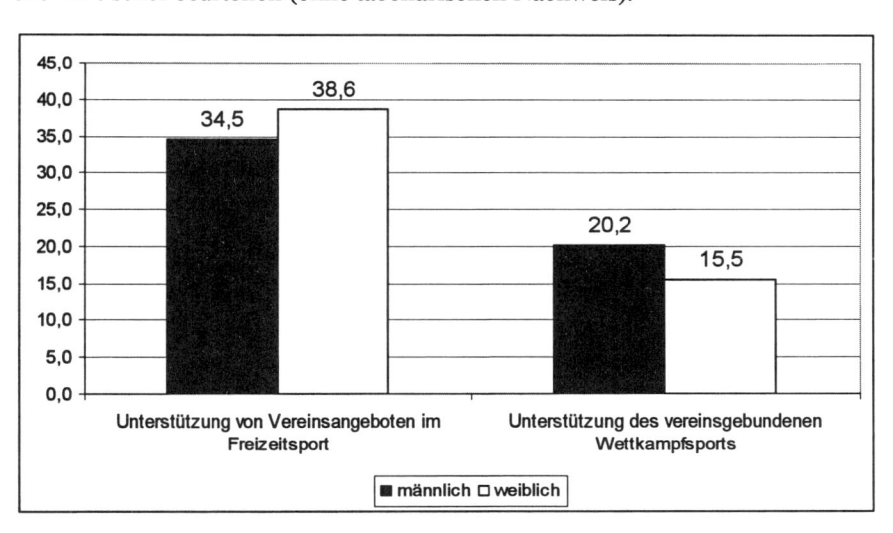

Abbildung 14: *Verbesserungen im Angebotsbereich – differenziert nach Geschlecht Freizeitsport: $p \leq .01$; Wettkampfsport: $p \leq .001$.*

4.6 Mögliche Verbesserungen und Wünsche

4.6.1 Fehlende Angebote

20 Prozent aller Befragten geben an, eine Sportart oder eine bestimmte Form von bewegungsaktiver Erholung in Dreieich ausüben zu wollen, aber nicht zu können. Dabei gibt es altersspezifische Unterschiede, wobei die Jüngeren sich häufiger eine Sportart oder eine Art der bewegungsaktiven Erholung wünschen als die Älteren (ohne tabellarischen Nachweis).

Die wichtigsten Gründe, warum die gewünschte Sport- oder Bewegungsaktivität nicht ausgeübt werden kann, sind das Fehlen eines entsprechenden Angebotes bei den Dreieicher Sportanbietern (45 Prozent), das Fehlen einer entsprechenden Sportstätte (38 Prozent) und das Fehlen von Informationen über das gewünschte Angebot (34 Prozent) (siehe Abbildung 15).

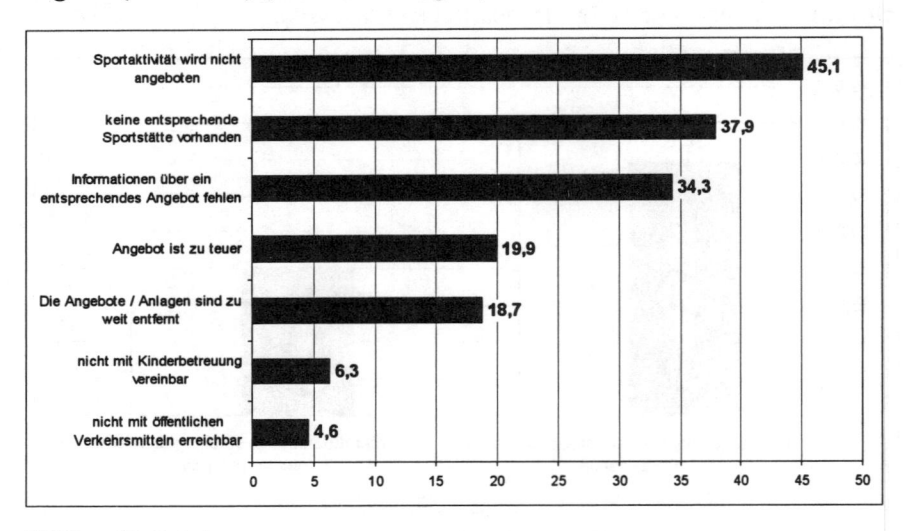

Grund	Prozent
Sportaktivität wird nicht angeboten	45,1
keine entsprechende Sportstätte vorhanden	37,9
Informationen über ein entsprechendes Angebot fehlen	34,3
Angebot ist zu teuer	19,9
Die Angebote / Anlagen sind zu weit entfernt	18,7
nicht mit Kinderbetreuung vereinbar	6,3
nicht mit öffentlichen Verkehrsmitteln erreichbar	4,6

Abbildung 15: Gründe
„Aus welchen Gründen können Sie diese Bewegungsaktivitäten / Sportarten nicht in Dreieich ausüben?"; n=416; Angaben in Prozent bezogen auf die Anzahl der Fälle (N=241); Mehrfachantworten möglich.

Gefragt wurde auch, welche Angebote in Dreieich fehlen. Von den Personen, die ein Sportangebot vermissen (20 Prozent), geben 10,5 Prozent an, Badminton fehle ihrer Ansicht nach in Dreieich. Es folgen weitere 43 verschiedene Sport- und Bewegungsaktivitäten (siehe Tabelle 37).

Tabelle 37: Gewünschte Sport- und Bewegungsangebote

	n	Prozentanteil an Nennungen	Prozentanteil an Fällen
Badminton	21	7,6	10,5
Tanz (Jazz-, Hip-Hop, Flamenco etc.)	19	7	9,8
Fitnesstraining	18	6,8	9,4
Entspannung/Gesundheit (Yoga, Tai-Chi etc.)	15	5,6	7,7
Eissport (Eislauf, Eishockey)	12	4,4	6,1
Inline-/Speedskating	12	4,4	6,1
Klettern	10	3,8	5,3
Golf	9	3,4	4,7
Gymnastik (Senioren, Frauen, Rücken)	9	3,3	4,6
Schwimmen	9	3,2	4,4
Beachvolleyball	8	2,8	3,9
Lauftreff/Langlauf	8	2,8	3,8
Aerobic	7	2,7	3,7
Kampfsport (Jiu-Jitsu, Judo, Karate etc.)	7	2,7	3,7
Aquajogging/Wassergymnastik	7	2,5	3,4
GoKart	6	2,4	3,3
Wassersport (Rudern, Kanu, Segeln etc.)	6	2,2	3,1
Nordic Walking	5	2	2,7
Bowling/Kegeln	5	1,9	2,6
Fechten	5	1,8	2,5
Fußball	5	1,8	2,5
Leichtathletik	5	1,7	2,3

Aufgeführt sind nur die Bedarfe, die wenigstens fünf Nennungen auf sich vereinigen können. „Gibt es eine Art der bewegungsaktiven Erholung oder eine Sportart, die Sie gerne in Dreieich ausüben würden, aber nicht können? Wenn ja, welche?"; n=271; Anzahl der gültigen Fälle N=196; Mehrfachantworten möglich.

Von besonderer Wichtigkeit scheint hierbei – neben einer Überprüfung des Angebots in der Sportart Badminton – eine Erweiterung des Angebots im Bereich des Freizeit- und Gesundheitssports sowie im Fitnesstraining zu sein. Betrachtet man nämlich beispielsweise die zehn am häufigsten gewünschten Sportarten bzw. Bewegungsaktivitäten, wird diese Liste von Fitnesstraining, Gymnastik aller Art, Tanz, Ausdauersport und zu einem gewissen Maß auch von Trendsport (Inlineskating, Klettern, Golf) dominiert.

4.6.2 Fehlende Sporträume

In der Sportverhaltensstudie wurden nicht nur die Wünsche nach zusätzlichen Angeboten erhoben, sondern auch die Bedürfnisse der Bevölkerung im Hinblick auf die Sportstätten und Bewegungsräume. Insgesamt sehen rund 22 Prozent der Befragten Verbesserungspotential im Bereich der Sportstätten, insbesondere Befragte bis zum Alter von 40 Jahren. Etwa 64 Prozent können die Situation nicht beurteilen und nur eine Minderheit (14 Prozent) schätzt den Bestand als ausreichend und für nicht erweiterungsbedürftig ein (ohne tabellarischen Nachweis).

Tabelle 38: Fehlende Räume für Sport und Bewegung

	n	Prozentanteil an Nennungen	Prozentanteil an Fällen
Turn- und Sporthalle	41	11,8	18,1
Bewegungsräume für Kinder und Jugendliche	28	8,2	12,5
Inliner- und Skateranlage	28	8,2	12,5
Bolzplatz	25	7,2	11
Laufmöglichkeit/Trimm-Dich-Pfad	24	6,8	10,4
Fußballplatz, Rasenspielfeld	22	6,4	9,8
Radwege(netz)	21	6	9,2
Schwimmbad (Frei-, Hallen-)	20	5,8	8,8
Basketball-/Volleyballfelder	18	5,2	7,9
Badmintonmöglichkeit	13	3,9	5,9
Gymnastikräume (Kampfsport, Tischtennis)	10	2,9	4,4
Eis-/Rollschuhbahn	9	2,5	3,9
Tennisanlage (Frei-, Halle)	8	2,3	3,6
Leichtathletikanlage	8	2,4	3,6
Fitness-Studio	7	2	3
Öffnung der Anlagen	6	1,8	2,8
Kegeln/Bowlinganlage	6	1,8	2,8
Beachanlage	6	1,7	2,6
Baseballplatz	5	1,6	2,4
Klettermöglichkeit	5	1,6	2,4

Aufgeführt sind nur die Bedarfe, die wenigstens fünf Nennungen auf sich vereinigen können. „Gibt es Sportanlagen (überdachte und nicht-überdachte Räume), die Sie in Dreieich vermissen? Wenn ja, welche?"; n=348; Anzahl der gültigen Fälle N=227; Mehrfachantworten möglich.

Die Personen, die Räume für Sport und Bewegung vermissen (22 Prozent), wurden um nähere Angaben zu ihren Wünschen gebeten. Bei den geäußerten Wünschen gibt es eine eindeutige Dominanz. An erster Stelle stehen Turn- und Sporthallen sowie Bewegungsräume für Kinder und Jugendliche. Darunter können auch die auf den folgenden Rangplätzen aufgeführten Inline- und Skateanlagen oder Bolzplätze gefasst werden (siehe Tabelle 38).

4.7 Sportvereine im Spiegel der Meinungen

4.7.1 Zur Bewertung der Sportvereine in Dreieich

Wie in Kapitel 4.4.4 bereits dargestellt, kommt den Sportvereinen in Dreieich eine hohe Bedeutung im Sportleben der Stadt zu. Sportvereine stellen nach wie vor das dichteste Vertriebsnetz für organisierten Sport dar.

Jedoch sind auch die Sportvereine in den letzten Jahren (und sind es aktuell immer noch) verstärkt den Modernisierungsprozessen ausgesetzt, was sich bei manchen Vereinen durch schwindende Mitgliederzahlen, fehlende Übungsleiter oder eine geringere Bereitschaft zur Übernahme ehrenamtlicher Aufgaben äußert. Andererseits sollen die Sportvereine aber immer mehr gesamtgesellschaftliche Aufgaben übernehmen, beispielsweise Kinder- und Jugendarbeit, Gewalt- und Kriminalitätsprävention sowie weitere soziale Aufgaben. Manch einer behauptet sogar, Sportvereine seien der „soziale Kitt der Gesellschaft" (Rainer Brechtken, Präsident des Deutschen Turner-Bundes).

Von Interesse ist daher, wie die Bevölkerung die Lage der Sportvereine in Dreieich einschätzt und welche Veränderungen sie in Zukunft begrüßen würde. Hierzu muss zunächst festgehalten werden, dass sich lediglich eine Minderheit – nämlich 16 Prozent – der Bevölkerung über die Lage der Sportvereine sehr gut oder gut informiert fühlt. Mittelmäßig informiert fühlt sich rund ein Drittel der Befragten, weniger informiert 28 Prozent und überhaupt nicht informiert 18 Prozent.

Wir haben den Teilnehmern der Studie einige Aussagen zum Sportverein zur Bewertung vorgelegt. Damit soll überprüft werden, wie das Sportvereinsleben in Dreieich in den Augen der Öffentlichkeit wahrgenommen wird, welche Leistungen den Vereinen positiv oder auch negativ angerechnet werden. Die Ergebnisse sind aufschlussreich, aber auf Grund der unterschiedlichen Informiertheit der Befragten zu relativieren.

In Tabelle 39 findet sich eine Aufstellung der Aussagen, geordnet nach Summenanteilen der addierten Antworten „trifft zu" und „trifft voll und ganz zu". Zu beachten ist, dass einige Aussagen negativ formuliert wurden. Insgesamt wird den Sportvereinen in Dreieich eine überwiegend positive Rolle zugewiesen. Vor allem der Aussage, Kinder und Jugendliche werden im Verein gefördert, wird zugestimmt (84 Prozent). Nach wie vor wird den Sportvereinen eine hohe Integrationsfähigkeit beigemessen, da sie in den Augen der Befragten zur Integration aller Bevölkerungsgruppen beitragen. Allerdings sind auch 67 Prozent der Befragten der Meinung, die Festlegung auf bestimmte Übungszeiten sei ein Nachteil. Dass die Dreieicher Sportvereine ein vielseitiges Angebot bereit stellen, unterstreichen 62 Prozent der Befragten. Hervorzuheben ist auch, dass rund die Hälfte der Befragten der Auffassung ist, dass die Übungsleiter/-innen im Verein gut qualifiziert seien. Insgesamt lässt sich festhalten, dass die Sportvereine in Dreieich weitgehend positiv bewertet werden, wie insbesondere die Gegenüberstellung mit vergleichbaren Studien verdeutlicht:

Tabelle 39: Vor- und Nachteile der Sportvereine im Städtevergleich

	Dreieich 2004	Freiburg 2003	Remseck 2003	Tuttlingen 2001	Esslingen 2001
Kinder und Jugendliche werden gefördert	84,2	82,8	78,7	79,5	n.a.
Verein dient der Integration aller Bevölkerungsgruppen	72,7	67,7	68,0	63,9	60,9
Man ist auf bestimmte Übungszeiten festgelegt	67,3	71,5	71,2	72,9	56,4
Das Sporttreiben im Verein ist preisgünstig	63,7	50,1	59,8	54,6	50,0
Im Verein gibt es ein vielseitiges Angebot	62,2	56,7	48,1	56,4	n.a.
Vereinsleben bedeutet angenehme Geselligkeit	59,9	55,6	61,9	61,4	57,5
Die Übungsleiter/innen im Verein sind gut qualifiziert	49	42,1	46,0	45,8	n.a.
Im Verein bestehen viele Verpflichtungen	34,8	42,0	43,5	43,2	29,8

„Wir haben einige Aussagen zu den Vor- und Nachteilen von Sportvereinen zusammengestellt. Bitte geben Sie zu jeder der folgenden Aussagen an, inwieweit sie Ihrer Ansicht nach zutrifft bzw. nicht zutrifft"; kumulierte Prozentwerte „trifft zu" und „trifft voll und ganz zu".

Tabelle 39 zeigt, dass bei einigen der abgefragten Items die Sportvereine in Dreieich die besten Bewertungen erhalten. Insbesondere die Kinder- und Jugendarbeit, die Integrationsleistungen, das Preisniveau, die Vielseitigkeit des Angebots und die Qualifizierung der Übungsleiter/-innen werden dabei im Vergleich zu anderen Studien positiv hervorgehoben. Auch diese Ergebnisse verdeutlichen, dass die Sportvereine bei der Bevölkerung ein außerordentlich gutes Ansehen genießen.

Differenziertere Analysen belegen, dass zwischen Frauen und Männern nur bezüglich der Qualifikation der Übungsleiter/-innen signifikante Differenzen vorherrschen. Die Aussage, dass die Übungsleiter gut qualifiziert sind, wird von 56,3 Prozent der Frauen, aber nur von 40,3 Prozent der männlichen Befragten als zutreffend bezeichnet (N=722, V=0,199; p≤.001). Deutlichere Unterschiede bestehen – wie zu erwarten war – bei der Beurteilung der Sportvereine durch Sportvereinsmitglieder bzw. Nichtmitglieder. Wie aus Tabelle 40 hervorgeht, bewerten die Personen, die Mitglied in einem Dreieicher Sportverein sind, viele

Leistungen der Sportvereine positiver. Im Gegenzug werden einige Punkte, die die vermeintlich negativen Aspekte von Sportvereinen ansprechen, von den Nichtmitgliedern stärker gewichtet.

Tabelle 40: Vor- und Nachteile der Sportvereine – differenziert nach Mitgliedsstatus

	Sportvereinsmitglied in Dreieich	Kein Sportvereinsmitglied in Dreieich
Sporttreiben im Verein ist günstig (N=884, V=0,169; p≤.001)	69,0	59,7
Im Verein bestehen viele Verpflichtungen (N=921, V=0,196; p≤.001)	29,5	38,5
Vereinsleben bedeutet Geselligkeit (N=981, V=0,157; p≤.001)	66,5	55,7
Übungsleiter im Verein sind gut qualifiziert (N=721, V=0,254; p≤.001)	59,6	38,9
im Verein gibt es ein vielseitiges Angebot (N=865, V=0,192; p≤.001)	67,9	58,3
Nachteil ist die Festlegung auf bestimmte Übungszeiten (N=956, V=0,199; p≤.001)	57,7	73,4

„Wir haben einige Aussagen zu den Vor- und Nachteilen von Sportvereinen zusammengestellt. Bitte geben Sie zu jeder der folgenden Aussagen an, inwieweit sie Ihrer Ansicht nach zutrifft bzw. nicht zutrifft"; kumulierte Prozentwerte „trifft zu" und „trifft voll und ganz zu".

Unterschiedliche Bewertungen lassen sich zudem in den verschiedenen Altersgruppen ausmachen. Während das Preisniveau und die Vielseitigkeit des Angebots von den jüngeren Altersgruppen etwas kritischer beurteilt werden, erhalten die Vereine in Bezug auf die Qualifikation der Übungsleiter/-innen und das Festgelegtsein auf bestimmte Übungszeiten gerade von den mittleren Altersgruppen, die auch vermehrt die gewerblichen Sportanbieter aufsuchen (vgl. Kapitel 4.4.4), nicht ganz so positive Wertungen.

Tabelle 41: Vor- und Nachteile der Sportvereine – differenziert nach Alter

	14 bis 18 Jahre	19 bis 26 Jahre	27 bis 40 Jahre	41 bis 60 Jahre	61 Jahre und älter
Sporttreiben im Verein ist günstig (N=886; V=0,124; p≤.001)	47,1	44,5	65,3	64,5	74,0
Übungsleiter im Verein sind gut qualifiziert (N=719; V=0,126; p≤.001)	61,3	41,9	45,2	45,1	60,6
Im Verein gibt es ein vielseitiges Angebot (N=865; V=0,122; p≤.001)	50,0	56,0	57,0	64,4	71,4
Man ist auf bestimmte Übungszeiten festgelegt (N=959; V=0,117; p≤.001)	62,9	66,4	70,0	70,1	59,7

„Wir haben einige Aussagen zu den Vor- und Nachteilen von Sportvereinen zusammengestellt. Bitte geben Sie zu jeder der folgenden Aussagen an, inwieweit sie Ihrer Ansicht nach zutrifft bzw. nicht zutrifft"; kumulierte Prozentwerte „trifft zu" und „trifft voll und ganz zu".

Die differenzierten Analysen erlauben es den Vereinen, ihre Attraktivität trotz der insgesamt hervorragenden Bewertungen durch geeignete Maßnahmen noch weiter zu steigern. Dazu dienen auch weitere Fragen und Auswertungen zu wünschenswerten Veränderungen in der Sportvereinsarbeit.

Tabelle 42: Wünschenswerte Veränderungen in der Sportvereinsarbeit

	Prozent
Ausbau der Kinder- und Jugendarbeit	91,6
Ausbau von gesundheitsorientierten Angeboten	87,2
stärkere Orientierung am Freizeitsport	81,5
Ausbau der Zusammenarbeit mit anderen Organisationen	76,7
Ausbau der Zusammenarbeit der Sportvereine	75,5
Ausbau von Zielgruppenangeboten für Seniorinnen / Senioren	74,3
Verbesserung der Qualifikation ehrenamtlicher Mitarbeiter	71,4
Ausbau von Zielgruppenangeboten für Mädchen und Frauen	64,0
Ausbau von Kursangeboten für Nichtmitglieder	62,6
Integration von Trendsportarten	42,6
Einstellung von hauptamtlichen Mitarbeitern /-innen	42,6
Fusionen von Sportvereinen	24,5
stärkere Orientierung am Wettkampf- und Spitzensport	23,9

"Für wie wichtig halten Sie folgenden denkbaren Veränderungen der Sportvereinsarbeit in Dreieich?"; kumulierte Prozentwerte der Antworten "sehr wichtig" und "wichtig"; N=759-937

Knapp 92 Prozent der Befragten befürworten demnach den Ausbau der Kinder- und Jugendarbeit, also die Stärkung der bisherigen Kernkompetenz der Sportvereine. Jedoch sollten sich die Sportvereine auch überlegen, andere Bereiche ihrer Arbeit noch stärker als bisher auszubauen. Hierzu zählt insbesondere der Gesundheits- und Freizeitsport. Dies fordern zumindest 87 bzw. 82 Prozent der Befragten. Dazu zählen beispielsweise Angebote für Seniorinnen und Senioren (74 Prozent) und Kursangebote für Nichtmitglieder (63 Prozent). Eine stärkere Orientierung am Wettkampf- und Spitzensport halten nur 24 Prozent der Befragten für sehr wichtig oder wichtig.

Neben dem Komplex „Angebote" konnten die Befragten auch einige Punkte zur Organisationsstruktur der Vereine bewerten. Für eine engere Zusammenarbeit zwischen den Vereinen sprechen sich demnach 76 Prozent der Befragten aus, für eine engere Zusammenarbeit mit anderen Organisationen (z.B. VHS, Fitness-Studios, Schulen und Kindergärten) 77 Prozent. Die Fusion von Sportvereinen hält hingegen nur ein Viertel der Befragten für sehr wichtig oder wichtig. Auch die Einstellung von hauptamtlichen Mitarbeitern befürwortet nur eine Minderheit (43 Prozent). Jedoch sind 71 Prozent der Meinung, die Qualifikation der ehrenamtlichen Mitarbeiter sollte verbessert werden.

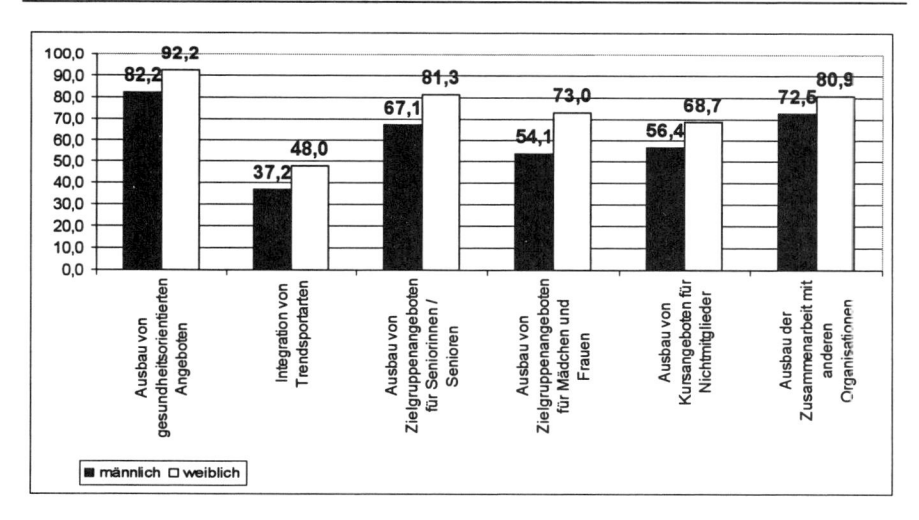

*Abbildung 16: Veränderungen in der Sportvereinsarbeit – differenziert nach Geschlecht
Kumulierte Prozentwerte der Antworten „sehr wichtig" und „wichtig"; N=864-934. <u>Gesundheitsangebote:</u> V=0,157, p≤001; <u>Trendsport:</u> V=0,130, p≤01; <u>Seniorenangebote:</u> V=0,174, p≤001; <u>Zielgruppe Mädchen und Frauen:</u> V=0,201, p≤001; <u>Kursangebote für Nichtmitglieder:</u> V=0,139, p≤01; <u>Zusammenarbeit mit anderen Organisationen:</u> V=0,136, p≤01.*

Frauen wünschen sich häufiger als Männer den Ausbau von Angeboten im Gesundheitssport, für Senioren, Mädchen und Frauen sowie Kursangebote für Nichtmitglieder. Außerdem sprechen sie sich überdurchschnittlich für die Integration von Trendsportarten und für die Kooperation der Vereine mit anderen Organisationen aus (vgl. Abbildung 16).

Auch bei den Altersgruppen sind große Differenzen zu beobachten, wobei besonders ins Auge fällt, dass die jüngeren Altersgruppen häufiger die Integration von Trendsportarten und die Orientierung am Wettkampf- und Spitzensport wünschen, die älteren Altersgruppen dagegen die Zusammenarbeit der Sportvereine, den Ausbau von Gesundheits- und Seniorenangeboten sowie die Optimierung der Kinder- und Jugendarbeit überdurchschnittlich favorisieren (vgl. Tabelle 43).

Tabelle 43: Veränderungen in der Sportvereinsarbeit – differenziert nach Altersgruppen

	gesamt	14 bis 18 Jahre	19 bis 26 Jahre	27 bis 40 Jahre	41 bis 60 Jahre	61 Jahre und älter
Ausbau der Zusammenarbeit der Sportvereine (N=850, V=0,102; p≤.01)	75,5	62,7	68,6	74	78,9	78,8
Ausbau von gesundheitsorientierten Angeboten (N=933, V=0,119; p≤.001)	87,2	69,6	83,9	88	90,3	88,5
Verbesserung der Qualifikation ehrenamtlicher Mitarbeiter (N=817, V=0,106; p≤.01)	71,4	62,5	70,7	67,1	73,2	77,3
Fusionen von Sportvereinen (N=759, V=0,101; p≤.05)	24,5	28,3	18,7	24,2	24,6	26,7
Integration von Trendsportarten (N=864, V=0,153; p≤.001)	42,6	56,8	63,8	52,2	37,6	21,3
Ausbau von Zielgruppenangeboten für Seniorinnen / Senioren (N=871, V=0,141; p≤.001)	74,3	54	59	68,6	79,6	84,1
Ausbau von Zielgruppenangeboten für Mädchen und Frauen (N=868, V=0,090; p≤.05)	64	56,6	58,4	67,9	64,4	64,6
Ausbau der Kinder- und Jugendarbeit (N=907, V=0,125; p≤.001)	91,6	78,9	82,6	92,3	94,2	94,2
stärkere Orientierung am Wettkampf- und Spitzensport (N=888, V=0,146; p≤.001)	23,9	48,2	34,8	26,2	17,4	20,0

Kumulierte Prozentwerte der Antworten „sehr wichtig" und „wichtig".

4.7.2 Sportvereinsmitgliedschaft im Überblick

Dass die Sportvereine nach wie vor eine der größten Freiwilligenorganisationen darstellen, geht deutlich aus Tabelle 44 hervor. Rund 47 Prozent der Befragten im Alter zwischen 14 und 74 Jahre sind in einem Sportverein organisiert, 34 Prozent davon in einem Dreieicher Sportverein, zehn Prozent in einem Verein außerhalb von Dreieich und drei Prozent sowohl in als auch außerhalb von Dreieich. 53 Prozent der Befragten sind in keinem Sportverein Mitglied.

Im Vergleich mit anderen Sportverhaltensstudien ist der Organisationsgrad der Dreieicherinnen und Dreieicher erstaunlich hoch und zeugt von einem intakten Vereinsleben. Jedoch, und dies muss hervorgehoben werden, ist der Anteil derjenigen, die außerhalb ihres Wohnortes Mitglied in einem Sportverein sind, ebenfalls relativ hoch.

Tabelle 44: Sportvereinsmitgliedschaft

	Nein, kein Mitglied	Ja, in Dreieich	Ja, nicht in Dreieich	Ja, nicht nur in Dreieich
männlich	51,3	33,2	11,8	3,7
weiblich	54,6	34,5	8,8	2,2
14 bis 18 Jahre	28,0	52,5	13,6	5,1
19 bis 26 Jahre	58,3	31,3	9,7	1,0
27 bis 40 Jahre	53,6	32,4	10,4	3,6
41 bis 60 Jahre	53,4	31,6	12,7	2,3
61 Jahre und älter	54,9	35,6	6,4	3,0
Gesamt	53,1	33,8	10,3	2,9

„Sind Sie zur Zeit Mitglied in einem Sportverein?"; Angaben in Prozent; Gesamt: N=1.100; Alter: N=1.097, V=0,086, p≤.05; Geschlecht: N=1.099, V=0,070, n.s.

Eine Analyse, ob es Unterschiede in der Sportvereinsmitgliedschaft zwischen Männern und Frauen gibt, bleibt ohne Befund, da die Unterschiede statistisch nicht signifikant sind. Hinsichtlich der verschiedenen Altersgruppen lassen sich jedoch deutliche Unterschiede aufzeigen. Wie aus Tabelle 44 hervorgeht, ist ein deutlicher Bruch zwischen der Altersgruppe der bis 18jährigen und der Gruppe der 19 bis 26jährigen erkennbar. Hier steigt die Anzahl der Nichtmitglieder explosionsartig an, nämlich von 28 auf 58 Prozent. Dieser Wert pendelt sich auf diesem Niveau ein und sinkt in der Folge nur geringfügig auf rund 54 Prozent.

Besonders erstaunlich ist, dass trotz des starken Anstiegs der Nichtmitglieder der Anteil der Vereinsmitglieder außerhalb von Dreieich relativ konstant bleibt und erst in der Gruppe der ab 61jährigen deutlich zurückgeht. Es ist daher zu vermuten, dass die Bindung an Vereine außerhalb des Stadtgebiets, die meist auf ganz spezifischen Gründen beruht, enger ist als an die Sportvereine in Dreieich selbst.

Abschließend soll noch ein Blick darauf geworfen werden, wie häufig die Sportvereinsmitglieder im Verein Sport und Bewegung ausüben. Hier differenzieren wir zwischen Mitgliedern in einem Dreieicher Sportverein und Mitgliedern in einem Sportverein außerhalb von Dreieich. Wie Abbildung 17 zeigt, sind rund 30 Prozent der Mitglieder in einem Dreieicher Sportverein passive Mitglieder, die entweder zur Zeit überhaupt nicht oder nur unregelmäßig (also seltener als ein Mal pro Woche) aktiv sind. Eine etwas geringere Passivitätsquote lässt sich für die Mitglieder von Vereinen außerhalb von Dreieich festmachen (zusammen 25 Prozent), wobei hier der Anteil der unregelmäßig Aktiven deutlich höher liegt. Regelmäßig mindestens ein Mal pro Woche aktiv sind zwischen 35 und 37 Prozent der Mitglieder, mindestens zwei Mal pro Woche und häufiger zwischen 35 und 38 Prozent.

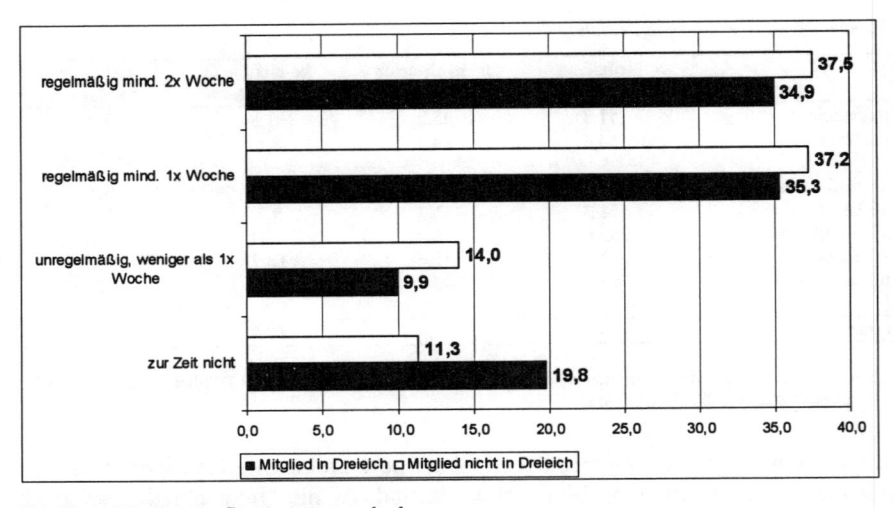

Abbildung 17: Aktivität Sportvereinsmitglieder
„Wie oft treiben Sie aktiv im Verein Sport"; Angaben in Prozent; Mitglied in Dreieich N=385; Mitglied nicht in Dreieich N=139.

4.8 Fazit

Die bisherigen Befunde und Ergebnisse deuten darauf hin, dass sich der Wandel des Sports auch in Dreieich manifestiert. Neben dem organisierten Vereinssport hat sich eine Sportkultur etabliert, die ihre Bezugspunkte jenseits der Anforderungen des Wettkampfsports findet und die mit den Schlagworten Pluralisierung und Individualisierung umschrieben werden kann. Die traditionellen Sportanbieter haben auch in Dreieich das alleinige Organisations- und Deutungsmonopol im Sport verloren.

Die kommunale Sportpolitik muss auf diese Veränderungen reagieren, möchte sie auf die Bedürfnisse aller sport- und bewegungsaktiven Bürgerinnen und Bürger eingehen. Schlagwortartig sollen nachfolgend die wichtigsten Ergebnisse der Sportverhaltensstudie nochmals referiert werden:

Die wichtigsten Ergebnisse zum Sportverhalten lauten:

- Etwa 89 Prozent der Dreieicher Bürgerinnen und Bürger sind körperlich oder sportlich aktiv. Der Grad der sportlich aktiven Menschen beträgt bei Nichtberücksichtigung der unregelmäßig Aktiven rund 76 Prozent.
- Mit steigendem Alter nimmt der Anteil der sportlich Aktiven in der Bevölkerung nicht wesentlich ab.

- 87 Prozent der Aktiven bezeichnen sich selbst als Freizeitsportler.
- Frauen ordnen ihre Aktivitäten überwiegend als bewegungsaktive Erholung ein, während die Anteile von Sporttreiben und bewegungsaktiver Erholung bei Männern nahezu ausgeglichen sind. Mit zunehmendem Alter der Befragten steigt der Anteil der überwiegend bewegungsaktiven Menschen.
- Für einen Großteil der Befragten stehen gesundheits- und fitnessbezogene Motive wie Erholung, Entspannung, Freude und Wohlbefinden auf den vorderen Positionen für Sporttreiben und bewegungsaktive Erholung.
- Eine Minderheit der Befragten erachtet das Streben nach Leistung, Wettkampf und Erfolg als wichtige Motive für ihre Sportaktivität.

Die Aussagen zu den Sport- und Bewegungsaktivitäten in Dreieich können wie folgt zusammengefasst werden:
- Rund 68 Prozent aller sportlich Aktiven üben ihre Aktivitäten überwiegend in Dreieich aus, rund 32 Prozent dagegen überwiegend außerhalb von Dreieich.
- Ausdauer- und gesundheitsorientierte Sport- und Bewegungsaktivitäten werden von den Dreieicherinnen und Dreieichern am häufigsten ausgeübt.
- 85 Prozent aller Aktivitäten werden ohne Wettkampfteilnahme ausgeübt, sechs Prozent aller Aktivitäten mit regelmäßiger Teilnahme an Wettkämpfen.
- Die Wettkampfquote differiert zwischen den Sportarten deutlich – unter den Top 10 der am häufigsten ausgeübten Sportarten dominieren Fußball, Tennis und Tanzsport mit den höchsten Anteilen an Wettkampfsportlern.
- Die meisten Sportaktivitäten werden auf Sportgelegenheiten ausgeübt. Auf dem Sportplatz werden im Sommer rund vier Prozent aller Aktivitäten ausgeübt.
- Die meisten Aktivitäten werden selbstorganisiert und individuell im privaten Rahmen ausgeübt.
- Der Sportverein ist der wichtigste institutionelle Anbieter von Sport- und Bewegungsaktivitäten.
- 34 Prozent der Bevölkerung sind Mitglied in einem Dreieicher Sportverein, zehn Prozent in einem Verein außerhalb Dreieichs und drei Prozent sowohl in als auch außerhalb von Dreieich.
- Die Dreieicher Sportvereine können ihre Mitglieder beim Übergang vom Jugend- zum Erwachsenenalter nicht dauerhaft binden.

Die Befunde zur Bewertung des Sportlebens in Dreieich sowie die Bedarfe können pointiert dargestellt werden:

- Die Dreieicher bewerten die Bedingungen in ihrer Stadt für Sport und Bewegung unterschiedlich. Defizite werden insbesondere in Bezug auf den baulichen Zustand der Sportanlagen, die vorhandenen Sportgelegenheiten und die Informationen über das Sportangebot gesehen.
- Die Bevölkerung würde einen Großteil der Mittel für die kommunale Sportinfrastruktur in die Verbesserung der Bäderinfrastruktur, in die Sanierung und Ergänzung der vorhandenen Sportanlagen sowie in die bewegungsfreundliche Umgestaltung der Schulhöfe und des Wohnumfeldes investieren.
- Die Dreieicher würden einen Großteil an finanziellen Mitteln für die Unterstützung des Freizeitsports im Verein ausgeben.
- Jeweils etwa 20 Prozent der Befragten vermissen in Dreieich bestimmte Räume für Sport und Bewegung bzw. ein bestimmtes Sportangebot.

Die Sportvereine werden aus Sicht der Bevölkerung wie folgt eingeschätzt:

- Insgesamt werden die Sportvereine in Dreieich im Städtevergleich ausgezeichnet beurteilt.
- Nicht ganz so positiv werden die Qualifikation der Übungsleiter und das Festgelegtsein auf bestimmte Übungszeiten gesehen.
- Die Dreieicher Sportvereine sollten aus Sicht der Bevölkerung ihr Angebot im Kinder- und Jugendsport sowie im Freizeit- und Gesundheitssport ausbauen und optimieren.
- Auf Organisationsebene sollten die Sportvereine verstärkt untereinander und mit anderen Institutionen zusammenarbeiten.

Lässt man all diese Daten und Ergebnisse in der Frage nach der „sport- und bewegungsfreundlichen Stadt" kulminieren, so halten 48 Prozent der Bürgerschaft Dreieich für eine sport- und bewegungsfreundliche Stadt. 43 Prozent der Befragten stehen dieser Bewertung unentschlossen gegenüber, und neun Prozent verneinen die Frage.[17] Die Unterschiede in der Einschätzung durch Männer und Frauen oder durch die verschiedenen Altersgruppen sind nur gering, auch die Herkunft des Befragten aus den einzelnen Ortsteilen spielt bei der Bewertung

---

[17] Vergleichswerte (kumulierte Werte von „trifft voll und ganz zu" und „trifft eher zu") aus anderen Studien: Esslingen a.N. 2001: 42%; Freiburg 2003: 82%; Remseck am Neckar 2003: 52%.

keine Rolle. Nur die Dreieicher Sportvereinsmitglieder bewerten die oben genannte Aussage etwas positiver als Nichtmitglieder.

Tabelle 45: Dreieich - eine sport- und bewegungsfreundliche Stadt?

	Prozent
trifft voll und ganz zu	8,7
trifft eher zu	39,3
teils / teils	43,2
trifft eher nicht zu	7,2
trifft überhaupt nicht zu	1,6
Gesamt	100,0

„,Dreieich ist, alles in allem, eine sport- und bewegungsfreundliche Stadt.' Trifft diese Aussage Ihrer Meinung nach zu?"; Angaben in Prozent; N=1.032.

Die präsentierten Befunde und Daten geben einen ersten Überblick über das Sportverhalten der Dreieicherinnen und Dreieicher und zeigen auf, wie die Stadt und die Bedingungen für Sport und Bewegungen aus Sicht der Bürgerschaft wahrgenommen werden. Auf Basis dieser Daten und den folgenden weiteren Planungsgrundlagen wird die Planungsgruppe befähigt, Handlungsempfehlungen für die künftige Sportentwicklung in Dreieich zu erarbeiten.

5 Bilanzierung des Sportstättenbedarfs

5.1 Planungsschritte und -parameter

Basis der nachfolgenden Bilanzierungen zum Sportstättenbedarf bildet eine Grundformel, die der „Leitfaden für die Sportstättenentwicklungsplanung" jeder Berechnung zugrunde legt. „Dazu wird durch Multiplikation des Sportbedarfs mit dem Zuordnungsfaktor und durch anschließende Division mit der Belegungsdichte, der Nutzungsdauer der Sportanlagen und dem Auslastungsfaktor der Bedarf an Sportstätten bestimmt" (BISP, 2000, S. 25).

$$\text{Sportstättenbedarf} = \frac{\text{Sportbedarf (Sportler x Dauer x Häufigkeit) x Zuordnungsfaktor}}{\text{Belegungsdichte x Nutzungsdauer x Auslastungsfaktor}}$$

Der Sportbedarf berechnet sich aus der Multiplikation von Sportlern (= Einwohner x Aktivenquote x Präferenzfaktor) mit der Häufigkeit und Dauer für jede Sportart. Folgende Parameter haben wir den Berechnungen zugrundegelegt (nähere Bestimmung in Tabelle 46):

- Einwohner: Für Dreieich wird eine Einwohnerzahl von 33.948 Personen im Alter von 14 bis unter 75 Jahren verzeichnet (Quelle: Einwohnerstatistik der Stadt Dreieich vom 30.06.2004).[18]

- Aktivenquote: Die Aktivenquote ergibt sich aus der repräsentativen Bevölkerungsbefragung zum Sportverhalten. Demnach sind 76,2 Prozent der Befragten mindestens einmal pro Woche sportlich aktiv (vgl. Kapitel 4.3.4).

- Präferenzfaktor: Für jede Sportartengruppe lässt sich über die Bevölkerungsbefragung der Anteil der Aktiven ermitteln. Beispielsweise geben 9,1 Prozent der Sportaktiven an, im Fußballsport aktiv zu sein. Der Präferenzfaktor ist daher für Fußball 0,091. Der Präferenzfaktor liegt immer zwischen 0 und 1.[19]

---

[18] Die verwendete Einwohnerzahl hängt von den Altersgruppen der Sportverhaltensstudie ab (vgl. Rütten, Schröder & Ziemainz, 2003, S. 56).

[19] Alle Präferenzfaktoren finden sich in Tabelle 46, wobei sie der besseren Lesbarkeit wegen in Prozent angegeben sind (PF 0,091 entspricht 9,1%).

- Sportler: Aus der Multiplikation der oben aufgeführten Parameter lässt sich die Zahl der Sportler errechnen.[20] Um auch die Kinder und Jugendlichen im Alter bis zu 14 Jahren, die in der Sportverhaltensstudie nicht befragt werden, aber eine hohe Relevanz im Sportgeschehen einnehmen, in gebührendem Maße zu berücksichtigen, wird zur Zahl der Sportler die Anzahl der vereinsorganisierten Sportler im Alter bis 14 Jahre addiert (Quelle: Mitgliederstatistik des Landessportbundes Hessen für die Sportvereine in Dreieich) (vgl. Hübner, Pfitzner & Wulf, 2003, S. 165).

- Sportbedarf: Die Zahl der Sportler wird mit der Häufigkeit der Sportausübung (Einheiten pro Woche) und der Dauer der Sportaktivität pro Einheit multipliziert, um den Sportbedarf für jede Sportartengruppe berechnen zu können.

- Zuordnungsfaktor: Während die oben aufgeführten Werte aus den Bevölkerungs- und Mitgliederstatistiken sowie aus der Sportverhaltensstudie abgeleitet werden können, ist die Bestimmung des Zuordnungsfaktors nicht geregelt. „Mit dem Zuordnungsfaktor wird festgelegt, welcher Anteil einer Sportart auf welcher Sportanlage bzw. Sportgelegenheit ausgeübt wird" (BISP, 2000, S. 27). Diese Formulierung lässt offen, ob der Zuordnungsfaktor normativ festgelegt oder aus der Sportverhaltensstudie übernommen wird. Für Dreieich übernehmen wir in Anlehnung an alle veröffentlichten Berechnungen die Werte, die in der Sportverhaltensstudie ermittelt wurden. Dabei unterscheiden wir zwischen Sommer- und Winterwerten (vgl. Kapitel 4.4.3).[21]

---

[20] Um auch spezifische lokale Besonderheiten des Vereinssports zu berücksichtigen, erfolgte ein Abgleich der ermittelten Zahl der Sportler mit der Mitgliederstatistik des Landessportbundes Hessen. Liegt die um eine Passivenquote von 20 Prozent reduzierte Anzahl der vereinsorganisierten Sportler im Alter von 14 bis unter 75 Jahren höher als die rechnerisch ermittelte Anzahl der Sportler aus der Bevölkerungsbefragung, wird der höhere Wert übernommen (vgl. Tabelle 46). Dies trat für die Sportarten Baseball, Schießsport und Triathlon zu.

[21] Die Summe aller Zuordnungsfaktoren in einer Sportartengruppe beträgt 1 (auch hier werden in der Tabelle der besseren Übersicht wegen die Prozentwerte aufgeführt). Die Ermittlung des Zuordnungsfaktors aus der Sportverhaltensstudie birgt das Problem in sich, sich am Bestehenden zu orientieren. Ist doch das Vorhanden- bzw. Nichtvorhandensein von geeigneten Bewegungsräumen eine Bedingung dafür, dass Sportler sich auch diesen Sporträumen „zuordnen" können. Eine normative Festlegung bzw. Veränderung von Zuordnungsfaktoren könnte in diesem Falle Steuerungsmöglichkeiten eröffnen.

Tabelle 46: Grunddaten zur Berechnung des Sportstättenbedarfs – Teil 1 (Sportaktivität)

Sportartengruppe	Präferenzfaktor (in %)	Sportler (14 bis 74 Jahre) aus Verhaltensstudie	Vereinsmitglieder bis 14 Jahre	Vereinsmitglieder ab 15 Jahre abzgl. 20% Passivenquote	Sportler gesamt	Wettkampfquote (14 bis unter 75 Jahre) aus Verhaltensstudie
American Football	0,1	25,87			26	0,0
Badminton	1,8	465,63	35	60	501	0,0
Baseball*/***		0,00	28	110	138	
Basketball	1,4	362,15	151	134	513	41,7
Beach-Sport	0,3	77,60			78	0,0
Boxen	0,3	77,60	31	25	109	0,0
Budo-/Kampfsport	0,8	206,94	221	200	428	0,0
Eissport	0,2	51,74			52	0,0
Fußball	9,1	2.353,99	678	1.242	3.032	50,6
Golf	3,6	931,25	40	814	971	20,0
Gymnastik/Fitnesstraining**	32,7	8.458,86		1.639	8.459	1,3
Handball	1,9	491,49	295	495	786	72,2
Hockey	0,1	25,87			26	0,0
Kegelsport	2,6	672,57	1	53	674	28,0
Klettersport	0,2	51,74			52	0,0
Laufsport	43,0	11.123,27			11.123	1,0
Leichtathletik	1,2	310,42	53	94	363	18,2
Motorsport	0,4	103,47			103	50,0
Radsport	59,6	15.417,37			15.417	0,5
Reit- und Fahrsport	2,2	569,10	163	354	732	28,6
Rollsport	3,5	905,38			905	0,0
Rugby	0,1	25,87			26	100,0
Schießsport*	0,4	103,47	12	414	426	100,0
Schwerathletik	1,3	336,28		13	336	23,1
Schwimmsport	40,6	10.502,44	109	104	10.611	1,8
Spazierengehen	20,3	5.251,22			5.251	0,0
Squash	1,3	336,28		42	336	8,3
Tanzsport	4,3	1.112,33	139	414	1.251	11,9
Tennis	8,8	2.276,39	385	1.340	2.661	30,6
Tischtennis	1,4	362,15	71	206	433	30,8
Triathlon*		0,00		32	32	
Turnsport**	0,9	232,81	1.404	182	1.637	0,0
Volleyball	1,9	491,49	26	83	517	26,3
Wandern	11,6	3.000,70			3.001	0,9
Wassersport	1,0	258,68		23	259	10,0
Wintersport	4,4	1.138,20	2	38	1.140	0,0
Weitere Sportarten	5,0	1.293,40	45	218	1.338	8,7

* Die Anzahl der Vereinsmitglieder ab 15 Jahre liegt laut Mitgliederstatistik des Landessportbundes Hessen über der ermittelten Anzahl der Sportler der Bevölkerungsbefragung. Daher wird die Zahl der Spartenmitglieder übernommen.
** Die Mitgliederstatistik des Landessportbundes Hessen fasst Gymnastik/Fitnesstraining und Turnsport zusammen (N=1.821), so dass eine genaue Zuordnung nicht möglich ist. Daher wird die Gesamtzahl der Vereinsmitglieder ab 15 Jahre zu 10% dem Turnsport und zu 90% der Sportartengruppe Gymnastik/Fitnesstraining zugeordnet (vgl. auch die Ergebnisse der Sportverhaltensstudie, insbesondere Tabelle 18).
*** Diese Werte wurden aufgrund der fehlenden Angaben aus der Sportverhaltensstudie in Anlehnung an den Fußballsport festgelegt.

Tabelle 47: Grunddaten zur Berechnung des Sportstättenbedarfs – Teil 2 (Häufigkeit und Dauer)

Sportartengruppe	Einheiten pro Woche		Dauer pro Einheit in Std.	
	Sommer	Winter	Sommer	Winter
American Football	3,00	1,00	0,7	0,3
Badminton	1,01	1,00	1,3	1,4
Baseball***	1,95	1,79	1,8	1,6
Basketball	2,53	1,56	1,5	1,4
Beach-Sport	0,38	0,00	1,2	0,4
Boxen	1,97	1,97	1,3	1,2
Budo-/Kampfsport	2,18	2,15	2,2	2,2
Eissport	0,00	1,00	0,0	2,0
Fußball	1,95	1,79	1,8	1,6
Golf	1,75	0,93	4,4	3,3
Gymnastik/Fitnesstraining	2,16	2,28	1,1	1,2
Handball	2,05	2,15	1,9	1,9
Hockey	2,38	0,71	1,8	1,2
Kegelsport	0,75	0,81	2,8	2,7
Klettersport	1,10	1,00	4,3	4,0
Laufsport	2,38	2,14	1,0	0,9
Leichtathletik	1,71	1,19	1,6	1,1
Motorsport	1,11	0,18	1,9	1,0
Radsport	2,75	1,79	1,5	1,0
Reit- und Fahrsport	4,34	4,71	1,4	1,3
Rollsport	1,32	0,44	1,4	1,1
Rugby	2,00	2,00	2,0	2,0
Schießsport	1,25	1,45	1,5	1,5
Schwerathletik	2,67	2,73	2,0	1,7
Schwimmsport	1,84	1,21	1,0	1,0
Spazierengehen	3,75	3,32	1,3	1,3
Squash	1,56	1,72	1,3	1,4
Tanzsport	1,28	1,37	1,5	1,6
Tennis	1,95	1,27	1,6	1,3
Tischtennis	1,51	1,46	1,9	1,7
Triathlon				
Turnsport	1,57	1,57	1,7	1,8
Volleyball	1,38	1,42	1,7	2,2
Wandern	1,43	1,29	3,4	3,0
Wassersport	1,34	1,57	1,7	1,5
Wintersport	2,13	0,97	1,5	4,6
Weitere Sportarten	1,88	1,94	1,6	1,4

*** Diese Werte wurden aufgrund der fehlenden Angaben aus der Sportverhaltensstudie in Anlehnung an den Fußballsport festgelegt

Tabelle 48: Grunddaten zur Berechnung des Sportstättenbedarfs – Teil 3 (Zuordnungsfaktoren Sommer)

	Turn- und Sporthalle, Gymnastikraum	Fitness-Studio	Sportplatz	Sondersportanlage	Hallenbad	Freibad	Sportgelegenheit
American Football	0,00	0,00	20,00	0,00	0,00	0,00	80,00
Badminton	36,36	13,64	0,00	36,36	0,00	0,00	13,64
Baseball***	0,00	0,00	100,00	0,00	0,00	0,00	0,00
Basketball	38,10	0,00	33,33	0,00	4,76	0,00	23,81
Beach-Sport	0,00	0,00	0,00	0,00	0,00	100,00	0,00
Boxen	50,00	0,00	25,00	0,00	0,00	0,00	25,00
Budo-/Kampfsport	100,00	0,00	0,00	0,00	0,00	0,00	0,00
Eissport	0,00	0,00	0,00	0,00	0,00	0,00	0,00
Fußball	10,19	1,27	47,77	1,91	0,00	3,18	35,67
Golf	0,00	2,63	0,00	68,42	0,00	0,00	28,95
Gymnastik/Fitnesstraining	33,33	30,91	1,08	0,81	1,34	1,88	30,65
Handball	65,52	0,00	24,14	0,00	0,00	0,00	10,34
Hockey	0,00	0,00	0,00	50,00	0,00	0,00	50,00
Kegelsport	26,09	0,00	0,00	39,13	0,00	0,00	34,78
Klettersport	0,00	0,00	0,00	33,33	0,00	0,00	66,67
Laufsport	2,05	2,39	3,93	0,17	0,85	0,34	90,26
Leichtathletik	36,84	0,00	47,37	0,00	5,26	5,26	5,26
Motorsport	0,00	0,00	0,00	60,00	0,00	0,00	40,00
Radsport	0,47	1,17	0,47	0,58	1,17	3,26	92,89
Reit- und Fahrsport	0,00	0,00	0,00	51,72	0,00	0,00	48,28
Rollsport	0,00	0,00	0,00	2,33	0,00	2,33	95,35
Rugby	0,00	0,00	100,00	0,00	0,00	0,00	0,00
Schießsport	0,00	0,00	0,00	100,00	0,00	0,00	0,00
Schwerathletik	0,00	78,57	0,00	0,00	0,00	0,00	21,43
Schwimmsport	0,00	0,00	0,00	0,00	24,45	63,33	12,22
Spazierengehen	0,32	0,00	0,32	0,32	0,63	0,63	97,79
Squash	16,67	0,00	0,00	83,33	0,00	0,00	0,00
Tanzsport	54,35	0,00	0,00	4,35	2,17	0,00	39,13
Tennis	3,16	2,11	4,21	81,05	0,00	3,16	6,32
Tischtennis	27,78	0,00	11,11	5,56	0,00	0,00	55,56
Triathlon							
Turnsport	85,71	14,29	0,00	0,00	0,00	0,00	0,00
Volleyball	54,17	0,00	12,50	4,17	0,00	12,50	16,67
Wandern	0,84	0,00	0,00	0,00	0,00	2,52	96,64
Wassersport	8,33	8,33	0,00	0,00	0,00	0,00	83,33
Wintersport	15,38	0,00	15,38	0,00	0,00	0,00	69,23
Weitere Sportarten	25,00	10,71	10,71	8,93	0,00	7,14	37,50

*** Diese Werte wurden aufgrund der fehlenden Angaben aus der Sportverhaltensstudie geschätzt

Tabelle 49: Grunddaten zur Berechnung des Sportstättenbedarfs – Teil 4
(Zuordnungsfaktoren Winter)

	Turn- und Sporthalle, Gymnastikraum	Fitness-Studio	Sportplatz	Sondersportanlage	Hallenbad	Freibad	Sportgelegenheit
American Football	0,00	0,00	25,00	0,00	0,00	0,00	75,00
Badminton	35,29	17,65	0,00	41,18	0,00	0,00	5,88
Baseball***	80,00	0,00	20,00	0,00	0,00	0,00	0,00
Basketball	54,55	0,00	27,27	0,00	0,00	0,00	18,18
Beach-Sport	0,00	0,00	0,00	0,00	0,00	0,00	100,00
Boxen	66,67	0,00	0,00	0,00	0,00	0,00	33,33
Budo-/Kampfsport	87,50	12,50	0,00	0,00	0,00	0,00	0,00
Eissport	0,00	0,00	0,00	100,00	0,00	0,00	0,00
Fußball	30,22	1,44	40,29	0,72	1,44	0,72	25,18
Golf	0,00	0,00	0,00	71,43	4,76	0,00	23,81
Gymnastik/Fitnesstraining	34,68	33,82	0,58	0,87	1,45	0,29	28,32
Handball	100,00	0,00	0,00	0,00	0,00	0,00	0,00
Hockey	0,00	0,00	0,00	50,00	0,00	0,00	50,00
Kegelsport	26,09	0,00	0,00	39,13	0,00	0,00	34,78
Klettersport	0,00	0,00	0,00	100,00	0,00	0,00	0,00
Laufsport	2,42	3,63	3,02	0,20	1,01	0,00	89,72
Leichtathletik	58,33	0,00	16,67	0,00	8,33	0,00	16,67
Motorsport	0,00	0,00	0,00	50,00	0,00	0,00	50,00
Radsport	0,68	2,38	0,34	0,85	3,74	0,34	91,67
Reit- und Fahrsport	0,00	0,00	0,00	51,85	0,00	0,00	48,15
Rollsport	4,35	0,00	0,00	13,04	4,35	0,00	78,26
Rugby	0,00	0,00	100,00	0,00	0,00	0,00	0,00
Schießsport	0,00	0,00	0,00	100,00	0,00	0,00	0,00
Schwerathletik	0,00	78,57	0,00	0,00	0,00	0,00	21,43
Schwimmsport	0,00	0,00	0,00	0,00	91,01	6,96	2,03
Spazierengehen	0,00	0,00	0,36	0,36	0,36	0,00	98,92
Squash	15,38	0,00	0,00	84,62	0,00	0,00	0,00
Tanzsport	58,14	0,00	0,00	4,65	2,33	0,00	34,88
Tennis	22,35	2,35	1,18	67,06	1,18	0,00	5,88
Tischtennis	33,33	0,00	0,00	8,33	0,00	0,00	58,33
Triathlon							
Turnsport	85,71	14,29	0,00	0,00	0,00	0,00	0,00
Volleyball	80,00	0,00	0,00	6,67	0,00	0,00	13,33
Wandern	0,94	0,00	0,00	0,00	1,89	0,00	97,17
Wassersport	0,00	0,00	0,00	0,00	0,00	0,00	100,00
Wintersport	2,86	0,00	2,86	8,57	0,00	0,00	85,71
Weitere Sportarten	36,59	12,20	7,32	9,76	0,00	0,00	34,15

*** Diese Werte wurden aufgrund der fehlenden Angaben aus der Sportverhaltensstudie geschätzt

Die Parameter im Nenner der Grundformel des „Leitfadens" können nicht berechnet, sondern müssen festgelegt werden. Dies geschieht in den einschlägigen Publikationen auf unterschiedliche Weise, einerseits durch den Verweis auf Sportfachverbände und andere Referenzdaten, andererseits durch Definitionen und Absprachen vor Ort. Diese Interpretationsspielräume innerhalb des Instrumentariums des „Leitfadens" bergen Diskussionsstoff in sich und eröffnen Handlungsspielräume, da z.B. eine Veränderung der Nutzungsdauer oder der Auslastung der kommunalen Sportanlagen auch eine geänderte Zahl an erforderlichen Anlageneinheiten bzw. Sportstätten nach sich zieht. Aus diesem Grunde bietet es sich an, durch modellhafte Alternativrechnungen der kooperativen Planungsgruppe und den kommunalen Entscheidungsträgern Grundlagen für eine Interpretation, Plausibilitätsprüfung und Beschlussfassung zu geben. (vgl. Köhl & Bach, 1998, S. 4-14 in Verbindung mit Abb. 9-1ff). Im Folgenden werden auch diese Parameter kurz erläutert:

- Belegungsdichte: Die Belegungsdichte regelt, wie viele Sportler eine Sportanlage gleichzeitig nutzen können oder sollen. Der „Leitfaden" gibt zwar für jede Sportart eine Belegungsdichte an (vgl. BISP, 2000, S. 73ff.). Diese Werte sind aber nicht in jedem Fall unumstritten, wie die unterschiedlichen Belegungsdichten für den Fußballsport zeigen (vgl. Tabelle 51; Hübner, Pfitzner & Wulf, 2003, S. 166).

- Nutzungsdauer: Die Nutzungsdauer gibt an, wie viele Wochenstunden die Anlage genutzt werden kann. In der Regel bezieht sich die Nutzungsdauer auf den Übungsbetrieb – Schulsport und Wettkampfbetrieb am Wochenende werden nicht in die Nutzungsdauer eingerechnet. Die Nutzungsdauer kann nicht für alle Sportanlagen einheitlich festgelegt werden, da beispielsweise Ruhe-, Pflege- und Erholungszeiten zu berücksichtigen sind. Der „Leitfaden" stellt hier nur zum Teil Orientierungswerte bereit, so dass teilweise „die jeweiligen Parameter vor Ort erfasst werden müssen" (Hübner, Pfitzner & Wulf, 2003, S. 166) bzw. auf Erfahrungs- und Vergleichswerte aus anderen Kommunen zurückgegriffen wird.

- Auslastungsfaktor: Der letzte Faktor zur Berechnung des Sportstättenbedarfs geht auf die Auslastung einer Sportanlage ein. „Aus Beobachtungen zur Nutzung von Sportanlagen ist bekannt, dass die Auslastung im Verlauf eines Tages, einer Woche oder einer Saison unterschiedlich hoch ist" (BISP, 2000, S. 27). Der Auslastungsfaktor gibt daher den Grad der zu erreichenden Auslastung im Verhältnis zur maximal möglichen Auslastung an. Bei einer „programmierten" Nutzung von Sportstätten (z.B. Sporthalle) ist dabei von einer hohen Auslastung, bei einer

„nichtprogrammierten" Nutzung (z.B. Freibad) von einer niedrigen Auslastung auszugehen (vgl. BISP, 2000, S. 43f.; Rütten, Schröder & Ziemainz, 2003, S. 53). Für Sporthallen ist laut „Leitfaden" (vgl. BISP, 2000, S. 44) ein Wert um 0,85, für Sportplätze ein Wert um 0,30, für Hallenbäder ein Wert um 0,45 und für Freibäder ein Wert kleiner als 0,30 anzusetzen. Hübner, Pfitzner und Wulf (2003, S. 167) heben hervor, dass die Auslastungsfaktoren „letztendlich normativ zu setzen" sind. Dabei ist eine Orientierung an modellhaften Planungen aus anderen Kommunen vorzunehmen.

5.2 Bilanzierung Außensportanlagen

Zu den Außensportanlagen werden nachfolgend die Sportanlagen „Großspielfeld", „Kleinspielfeld" und „Kampfbahn Typ B" (Kampfbahnen der Typen A und C sind in Dreieich nicht vorhanden) zusammengefasst. Kleinspielfelder werden dabei mit 0,5 Anlageneinheiten berechnet (siehe Tabelle 50). Diesen Sportanlagen werden die Sportarten American Football, Baseball, Fußball, Hockey und Leichtathletik zugeordnet.

Tabelle 50: Außensportanlagen in Dreieich (ohne Tennis)

Name	Anlagentyp	Bodenbelag Spielfläche	Anlagen-einheiten
Ludwig-Erk-Schule	Kleinspielfeld	Naturrasen	0,5
Sportanlage Breite Haagwegschneise (Feld 1)	Großspielfeld	Tennenbelag	1
Sportanlage Breite Haagwegschneise (Feld 2)	Großspielfeld	Tennenbelag	1
Sportanlage Breite Haagwegschneise	Kampfbahn	Naturrasen	1
Sportanlage Im Haag	Großspielfeld	Naturrasen	1
Weibelfeldschule	Kleinspielfeld	Tennenbelag	0,5
Sportanlage Rheinstraße (Feld 1)	Großspielfeld	Naturrasen	1
Sportanlage Rheinstraße (Feld 2)	Großspielfeld	Tennenbelag	1
Sportplatz HSV Götzenhain	Großspielfeld	Naturrasen	1
Sportanlage An der Schanze	Großspielfeld	Naturrasen	1
Sportplatz Am Sportplatz (Feld 1)	Großspielfeld	Tennenbelag	1
Sportplatz Am Sportplatz (Feld 2)	Großspielfeld	Naturrasen	1
Heinrich-Heine-Schule	Kleinspielfeld	Naturrasen	0,5
Ricarda-Huch-Schule	Kleinspielfeld	Tennenbelag	0,5
Sportanlage An der Lettkaut (Feld 1)	Großspielfeld	Naturrasen	1
Sportanlage An der Lettkaut (Feld 2)	Großspielfeld	Tennenbelag	1
Sportanlage B3	Großspielfeld	Naturrasen	1
Sportanlage In der Laach	Großspielfeld	Tennenbelag	1
Sportanlage In der Laach	Kleinspielfeld	Tennenbelag	0,5
Sportanlage Maybachstraße	Kampfbahn	Naturrasen	1
Sportanlage Maybachstraße (Feld 1)	Großspielfeld	Tennenbelag	1
Sportanlage Maybachstraße (Feld 2)	Großspielfeld	Tennenbelag	1

In Dreieich sind insgesamt 19,5 Anlageneinheit Spielfelder zu verzeichnen, davon 10 Anlageneinheiten mit Naturrasen sowie 9,5 Anlageneinheiten mit Tennenbelag.

Da die Parameter in Bezug auf die Außensportanlagen in der Literatur stark differieren, ziehen wir für die Bilanzierung des Bedarfs an Außensportanlagen drei Alternativrechnungen heran (siehe Tabelle 51). Dabei basiert Variante 1 auf den Angaben des BISP-Leitfadens.[22] Variante 2 wird nach Hübner, Pfitzner und Wulf (2003, S. 167) zitiert. Sie verweisen auf das sog. Paderborner Berechnungsmodell. Der Anwendung dieser Werte „liegt u.a. eine Sportstättenbegehung zugrunde, die von Mitgliedern des Sportamtes durchgeführt wurde. Dabei ermittelte die Fachverwaltung das reale Nutzungsverhalten für alle Sportstätten." Variante 3 lehnt sich an die Erfahrungen der Forschungsgruppe Kommunale Sportentwicklung der Universität Wuppertal an, die ebenfalls bei Hübner, Pfitzner und Wulf (2003, S. 167) veröffentlicht sind.

Diese drei Varianten unterscheiden sich insbesondere in Bezug auf die Nutzungsdauer und die angenommene Auslastung der verschiedenen Spielfelder. Während beispielsweise der „Leitfaden" im Sommer eine maximale wöchentliche Nutzungsdauer von 30 Stunden für Naturrasenplätze veranschlagt, gleichzeitig jedoch die reale Auslastung dieser Zeit nur mit 30 Prozent beziffert, gehen die beiden anderen Varianten von einer deutlich reduzierten Nutzungsdauer (zwischen 15 Wochenstunden in Variante 2 und 20 Wochenstunden in Variante 3) bei höherer Auslastung aus. Unterschiede bestehen zudem in den Annahmen für die Belegungsdichte sowie in der gesonderten Betrachtung der Tennenplätze oder Kunstrasenfelder (in Dreieich nicht vorhanden) in den Varianten 2 und 3.

---

[22] Die Entwickler des „Leitfadens" haben für die Stadt Buchholz exemplarisch die Anwendung der Bilanzierung aufgezeigt (vgl. Köhl & Bach, 1998, Abbildung A4-27). Dort werden folgende Parameter zugrunde gelegt: Sportplatz: wöchentliche Nutzungsdauer (Übungsbetrieb Mo-Fr) bei Sportplätzen mit Schulsport 30 Wochenstunden durch Verein und Institutionen, bei Sportplätzen ohne Schulsport 40 Wochenstunden durch Vereine und Institutionen bei einem Auslastungsfaktor von 0,25. Eine Differenzierung nach Belag oder Saison erfolgt nicht. Im „Leitfaden" wird ein Auslastungsfaktor von 0,30 angegeben (vgl. BISP, 2000, S. 44).

Tabelle 51: Parameter für die Berechnungen des Bedarfs an Außensportanlagen[23]

		Variante 1 (BISP)		Variante 2 (Paderborn)		Variante 3 (FoKoS)	
		Sommer	Winter	Sommer	Winter	Sommer	Winter
Nutzungsdauer	Naturrasen	30		15	8	20	8
	Tenne	30		35	35	30	30
	Kunstrasen	30		35	35	35	35
	Durchschnitt	30,00		24,74	21,15	24,87	18,72
Belegungsdichte Ballsport		30		30	30	20	20
Belegungsdichte Kampfbahn Typ B		50		50	50	50	50
Nutzungsdauer		30,00		24,74	21,15	24,87	18,72
Auslastungsfaktor		0,30		0,80	0,80	0,70	0,70

Exemplarisch wird in Tabelle 52 die Bedarfsberechnung für den Fußballsport dargestellt. Hier können die einzelnen Rechenschritte nochmals detailliert nachvollzogen werden. Auf die Darstellung der Berechnungen der anderen Sportarten verzichten wir aus Platzgründen.

Tabelle 52: Beispiel Anlagenbedarf Großspielfelder für den Fußballsport[24]

Einwohner	33.948
Aktivenquote (Bevölkerungsbefragung)	0,762
Präferenzfaktor (Bevölkerungsbefragung)	0,091
Wettkampfquote (Bevölkerungsbefragung)	0,51
Berechnung der Anzahl der Sportler	
0 bis 14 Jahre (Vereinsmitglieder)	678
14 bis unter 75 Jahre (Bevölkerungsbefragung)	2.354,0
Gesamt	3.031,99
Wettkampfsportler[25]	1.869,18

---

[23] Die durchschnittliche Nutzungsdauer ergibt sich aus der Berechnung des Mittelwertes für die verschiedenen Feldbeläge. Für Variante 2 wurde beispielsweise folgende Berechnung der Nutzungsdauer vorgenommen (Sommerwert): 10 AE Naturrasen à 15 Wochenstunden (= 150 Wochenstunden) plus 9,5 AE Tennenbelag à 35 Wochenstunden (= 332,50 Wochenstunden) dividiert durch 19,5 AE.

[24] In der Tabelle wird zusätzlich zu den drei Berechnungsvarianten eine Differenzierung in allgemeinen Bedarf (Bedarf aller Sportler) und Bedarf des Übungsbetriebes der Wettkampfmannschaften vorgenommen.

[25] Die Zahl der Wettkampfsportler errechnet sich aus der Zahl der Fußballsportler multipliziert mit der Wettkampfquote plus der Zahl der Vereinsmitglieder bis 14 Jahre. Die ermittelte Zahl von 1.870 entspricht in der Größenordnung der Zahl der Vereinsmitglieder im Fußballsport bis 75 Jahren (minus Passivenquote) von 1.920 (vgl. Tabelle 46).

Fortsetzung von Tabelle 52

Sportbedarf	Allgemeiner Bedarf		Wettkampfbedarf[26]	
	Sommer	Winter	Sommer	Winter
Einheiten pro Woche	1,95	1,79	2,23	1,96
Dauer pro Einheit in h	1,84	1,65	1,93	1,72
Sportbedarf (Sportler x Häufigkeit x Dauer)	10.880,20	8.941,17	8.044,75	6.301,37

Berechnung des Anlagenbedarfs

Großspielfeld (allgemeiner Bedarf)	Variante 1		Variante 2		Variante 3	
	Sommer	Winter	Sommer	Winter	Sommer	Winter
Sportbedarf	10.880,20	8.941,17	10.880,20	8.941,17	10.880,20	8.941,17
Zuordnungsfaktor	0,48	0,40	0,48	0,40	0,48	0,40
Belegungsdichte	30	30	30	30	20	20
Nutzungsdauer	30,00	30,00	24,74	21,15	24,87	18,72
Auslastungsfaktor	0,30	0,30	0,80	0,80	0,70	0,70
Anlagenbedarf	19,25	13,34	8,75	7,10	14,93	13,75

Großspielfeld (WK-Mannschaften)	Variante 1		Variante 2		Variante 3	
	Sommer	Winter	Sommer	Winter	Sommer	Winter
Sportbedarf	8.044,75	6.301,37	8.044,75	6.301,37	8.044,75	6.301,37
Zuordnungsfaktor	0,48	0,40	0,48	0,40	0,48	0,40
Belegungsdichte	30	30	30	30	20	20
Nutzungsdauer	30,00	30,00	24,74	21,15	24,87	18,72
Auslastungsfaktor	0,30	0,30	0,80	0,80	0,70	0,70
Anlagenbedarf	14,23	9,40	6,47	5,00	11,04	9,69

Setzt man die jeweiligen Werte auch für die anderen Sportarten in die oben beschriebene Grundformel ein, können für die Stadt Dreieich in den beschriebenen drei Varianten folgende Bedarfsberechnungen und Bilanzierungen für die Außensportanlagen vorgenommen werden (siehe Tabelle 53). Da der Bedarf an Außensportanlagen im Sommer größer ist als im Winter, wird nachfolgend nur auf die Sommerwerte Bezug genommen.

---

[26] Die Anzahl der wöchentlichen Übungseinheiten liegt für den wettkampfsportlich betriebenen Fußballsport im Sommer bei 2,73 und im Winter bei 2,46. Enthalten sind hier die Rundenspiele und anderen Wettkämpfe, so dass für den Übungsbetrieb ein Korrekturfaktor von 0,50 abgezogen wird (vgl. Hübner & Wulf, 2004, S. 159). Mit dem Bedarf für den Übungsbetrieb der Wettkampfmannschaften wird der Bedarf an Spielfeldern angegeben, der mindestens benötigt wird, um nur den Übungsbetrieb der Wettkampfmannschaften in den Dreieicher Vereinen adäquat durchführen zu können.

Tabelle 53: Bestands-Bedarfs-Bilanzierung Außensportanlagen (Sommerbedarf)

Anlagenbedarf Großspielfelder	Variante 1	Variante 2	Variante 3
American Football	0,04	0,02	0,03
Baseball	1,79	0,82	1,39
Fußball	19,25	8,75	14,93
Hockey	0,00	0,00	0,00
Summe	*21,08*	*9,59*	*16,35*

Anlagenbedarf Kampfbahn Typ B	Variante 1	Variante 2	Variante 3
Leichtathletik	1,05	0,48	0,54
Summe	*1,05*	*0,48*	*0,54*

Bilanzierung Großspielfelder	Variante 1	Variante 2	Variante 3
Bedarf	*22,13*	*10,06*	*16,89*
Bestand	*19,5*	*19,5*	*19,5*
Bilanz	-2,6	9,4	2,6

Nach Variante 1 wird im Sommer ein Bedarf von 21,08 Anlageneinheiten Großspielfelder und 1,05 Anlageneinheiten Kampfbahn Typ B errechnet. Diesem rechnerischen Bedarf von insgesamt 22,13 Anlageneinheiten werden die Bestandszahlen von 19,5 Anlageneinheiten gegenübergestellt. Nach Variante 1 wird für Dreieich ein Fehlbestand von 2,6 Anlageneinheiten errechnet.

Legt man die Parameter der Variante 2 zugrunde, ergibt sich im Sommer ein rechnerischer Bedarf an 9,59 Anlageneinheiten Großspielfelder und 0,48 Anlageneinheiten Kampfbahn Typ B. Nimmt man wiederum eine Bilanzierung vor, kann ein Überschuss von 9,4 Anlageneinheiten konstatiert werden.

In Variante 3 wird ein Bedarf von 16,35 Anlageneinheiten Großspielfelder und 0,54 Anlageneinheiten Kampfbahn Typ B errechnet. Der Abgleich zwischen Bedarf und Bestand zeigt einen Überschuss von 2,6 Anlageneinheiten auf.

In einem ersten Resümee kann festgehalten werden, dass der Bedarf an Großspielfeldern bei den einzelnen Berechnungsvarianten stark schwankt. Legt man die BISP-Variante zugrunde, die von einer relativ großen Nutzungsdauer von Tennen- oder Naturrasenfeldern und einem geringen Auslastungsfaktor ausgeht, wird ein Fehlbestand von rund drei Großspielfeldern ermittelt. In der Praxis wird sich eine große zeitliche Beanspruchung von Naturrasenfeldern höchstens unter erhöhten Instandhaltungs- und Pflegekosten verwirklichen lassen. Auch ein durchschnittlicher Auslastungsfaktor von 30 Prozent erscheint deutlich zu niedrig gegriffen.

Aus diesem Grund werden die Varianten 2 und 3 favorisiert, da hier bezogen auf die Wochenstundenzahl der verschiedenen Großspielfelder und den Auslastungsgrad Praxiserfahrungen aus den Sportämtern eingeflossen sind, die sowohl die Belastungsgrenzen von Naturrasenplätzen als auch die für die Sporttreibenden möglichen Zeiten berücksichtigen (vgl. Hübner, Pfitzner & Wulf, 2003, S. 166ff.; Hübner & Wulf, 2004, S. 157ff.). Den realen Bedarf scheint jedoch die Variante 3 am ehesten widerzuspiegeln, insbesondere, da hier von einer für den Fußballsport typischen Belegungsdichte von 20 Personen pro Feld ausgegangen wird. Diese Variante, die einen moderaten Überschuss an Großspielfeldern ermittelt, wird wie bereits angedeutet den Mitgliedern der kooperativen Planungsgruppe und den kommunalen Entscheidungsträgern als Ausgangsbasis für weitere Interpretationen empfohlen.

Bei der Diskussion des Ergebnisses der Bestands-Bedarfs-Bilanzierung ist zu berücksichtigen, dass in die Bestandserhebung auch die Kleinspielfelder der Schulen, die bisher noch nicht in jedem Fall für die Allgemeinheit geöffnet sind,[27] eingeflossen sind. Zieht man diese 2,5 Anlageneinheiten ab, entspricht der Bedarf genau dem Bestand. Auf der anderen Seite liegt der Bedarf für den Übungsbetrieb der Wettkampfmannschaften der Dreieicher Vereine deutlich unter dem ermittelten Wert (vgl. Tabelle 52), so dass deren Bedarf in jedem Fall mehr als abgedeckt ist. Insgesamt ist somit in jedem Fall von einer mehr als ausreichenden Versorgung Dreieichs mit Großspielfeldern auszugehen.

Die vorgenommenen Bilanzierungen zeigen zusätzlich auf, dass in Dreieich rein rechnerisch Bedarf nur für eine Leichtathletik-Kampfbahn besteht. Auch dieses Ergebnis muss in die Beratungen der kooperativen Planungsgruppe mit einfließen.

---

[27] Dies soll sich gemäß der Handlungsempfehlungen der kooperativen Planungsgruppe jedoch ändern (vgl. Kapitel 6.3.2).

5.3 Bilanzierung Hallen und Räume für den Sport der Bevölkerung

Der „BISP-Leitfaden" differenziert zwischen verschiedenen Organisationsformen des Sports. Dabei wird zwischen dem Sport der Bevölkerung (Vereins- und nicht-organisierter Sport) sowie zwischen dem Schulsport unterschieden (vgl. BISP, 2000, S. 13f.). Nachfolgend wird eine Bilanzierung für die Hallen und Räume für den Sport der Bevölkerung vorgenommen – eine Bilanzierung für den Schulsport findet sich in Kapitel 5.4.

Hallen und Räume für Sport und Mehrzwecknutzung können in verschiedene Typen klassifiziert werden. Neben Einzelhallen mit einer Größe von 15x27 Metern können Turnhallen bis zu 15x27 Metern sowie mehrteilige Hallen erfasst werden. Daneben zählen auch kleinere Räumlichkeiten, die sportiv genutzt werden, zu den Hallen und Räumen (z.B. Krafträume, Gymnastikräume).

Der Bedarf an Gymnastikräumen, Einzelhallen bzw. Zwei- und Dreifachhallen orientiert sich an den sportfunktionalen Bedingungen der jeweiligen Sportarten. Der Übungsbetrieb der Wettkampfmannschaften im Fußball-, Handball- und Hallenhockeysport bedarf dabei laut Leitfaden zum Beispiel einer Mindestgröße von zwei Anlageneinheiten Einzelhalle bzw. einer Nettosportfläche von 968 Quadratmetern (vgl. BISP, 2000, S 73ff.; Rütten, Schröder & Ziemainz, 2003, S. 60; Hübner & Wulf, 2004, S. 189). Andererseits werden Sportarten wie Gymnastik funktional eher kleineren Räumen zugeordnet. Um den sportfunktionalen Bedarf adäquat berücksichtigen zu können, wird nachfolgend separat für Gymnastikhallen, Einzelhallen und Zwei- oder Dreifachhallen bilanziert.

Die Bilanzierung des Bedarfs an Hallen und Räumen erfolgt über einen Abgleich der vorhandenen Anlageneinheiten (AE) mit dem rechnerischen Bedarf. Turn- und Sporthallen werden über den Bedarf an Einzelhallen berechnet; eine Einzelhalle (=1AE) entspricht dem Standardmaß von 15x27 Metern (=405qm). Bei Zwei- und Dreifachhallen, die v.a. für die Sportspiele Handball und Fußball benötigt werden, entspricht eine Anlageneinheit einer Nettosportfläche von 968 Quadratmetern (22x44 Meter). Gymnastikräume werden im Leitfaden als Räume definiert, deren Nettosportfläche größer oder gleich 100qm ist; eine Anlageneinheit Gymnastikraum entspricht daher einer Nettosportfläche von 100qm.

In Dreieich wurden 27 Hallen und Räume für Sport und Mehrzwecknutzung erfasst. Acht der 27 Hallen und Räume entfallen auf Gymnastikräume oder nutzungsoffene Räume, 19 Hallen und Räume entfallen auf Turn- und Sporthallen. Nicht berücksichtigt wurden kommerzielle Anlagen, Einrichtungen der Kirchen sowie einige Bürgerhäuser / -säle und ähnliche Einrichtungen.

Tabelle 54: *Hallen und Räume für Sport und Mehrzwecknutzung in Dreieich*[28]

Name	Hallenart	qm Nettosportfläche	AE faktisch	AE rechnerisch
1 AE = 100qm				
HSV Götzenhain	Gymnastikraum	190	1	1,9
Sportgemeinschaft Götzenhain	Gymnastikraum	180	1	1,8
Sport- und Sängergem. Offenthal	Gymnastikraum	130	1	1,3
Gymnastikraum SKG Sprendlingen	Gymnastikraum	175	1	1,8
Sprendlinger Turngemeinde	Gymnastikraum	82	1	0,8
Turnhalle Dreieichenhain	nutzungsoffener Raum	110	1	1,1
Turnhalle Dreieichenhain	nutzungsoffener Raum	185	1	1,9
Sportgemeinschaft Götzenhain	nutzungsoffener Raum	91	1	0,9
1 AE = 405qm				
Turnhalle Selma-Lagerlöf-Schule	Turnhalle	162	1	0,4
Turnhalle Ludwig-Erk-Schule	Turnhalle	300	1	0,7
Sportgemeinschaft Götzenhain	Turnhalle	253	1	0,6
Turnhalle Karl-Nahrgang-Schule	Turnhalle	378	1	0,9
Sprendlinger Turngemeinde	Turnhalle	275	1	0,7
Turnhalle Georg-Büchner-Schule	Turnhalle	324	1	0,8
Turnhalle Gerhart-Hauptmann-Schule	Turnhalle	364	1	0,9
Turnhalle Max-Eyth-Schule	Turnhalle	288	1	0,7
Turnhalle Schillerschule	Turnhalle	288	1	0,7
Turnhalle SKG Sprendlingen	Turnhalle	208	1	0,5
Turnhalle Volkshochschule	Turnhalle	390	1	1,0
Turnhalle Dreieichhain	Einzelhalle	398	1	1,0
Phillip-Köppen-Halle	Einzelhalle	405	1	1,0
Sporthalle Heinrich-Heine-Schule	Einzelhalle	450	1	1,1
Turnhalle Ricarda-Huch-Schule	Einzelhalle	392	1	1,0
1 AE = 968qm				
HSV Götzenhain	Zweifachhalle	1080	1	1,1
Großsporthalle Weibelfeldschule	Dreifachhalle	1288	1	1,3
Sporthalle Hans-Meudt-Halle	Dreifachhalle	1288	1	1,3
Sporthalle Max-Eyth-Schule	Dreifachhalle	1242	1	1,3

Wie die Bestandsaufnahme der Hallen und Räume für Sport und Mehrzwecknutzung in Tabelle 54 aufzeigt, gibt es in Dreieich eine große Anzahl an Hallen, die nicht den Normmaßen (z.B. Einfachsporthalle: 15x27 Meter) entsprechen. Aus diesem Grund differenzieren wir bei der Anrechnung zwischen „faktischen Anlageneinheiten" und „rechnerischen Anlageneinheiten" (vgl. Köhl & Bach, 1998; Rütten, Schröder & Ziemainz 2003). „Faktisch" entsprechen diese Hallen

---

[28] Die faktischen Anlageneinheiten beziehen sich jeweils auf den Hallentyp. Eine Anlageneinheit „Dreifachhalle" kann selbstverständlich auch als 3 Anlageneinheiten „Einzelhalle" genutzt werden. Dies kommt bei den Bilanzierungen für den Schulsport (vgl. Kapitel 5.4) zur Anwendung.

daher jeweils einer Anlageneinheit, umgerechnet auf das Standardmaß ergeben sich aber niedrigere Werte. Analog sind bei einigen Gymnastikräumen / nutzungsoffenen Räumen höhere rechnerische Anlageneinheiten ermittelbar, da die Nettosportflächen oftmals über dem Standardmaß von 100 Quadratmetern liegen. Auf die Bedeutung der Anwendung von „faktischen AE" und „rechnerischen AE" wird in den nachfolgenden Bilanzierungen nochmals separat eingegangen.

5.3.1 Bilanzierung Gymnastikräume / nutzungsoffene Räume

Im Folgenden fassen wir Gymnastikräume und nutzungsoffene Räume zusammen, da beide Typen von Sporträumen sich durch ihre Nicht-Normiertheit auszeichnen. Für die Bilanzierung werden folgende Parameter eingesetzt: Die durchschnittliche Nutzungsdauer der Gymnastikräume / nutzungsoffene Räume wird für den Sportbetrieb von Montag bis Sonntag auf 74 Wochenstunden festgelegt.[29] Die Belegungsdichte gibt der Leitfaden für Gymnastik mit 10 Personen pro Anlageneinheit an (vgl. BISP, 2000, S. 75). Der Auslastungsfaktor wird in Anlehnung an BISP (2000, S. 94) auf 0,83 festgelegt. Zugeordnet wird diesen kleineren Räumen die Sportart „Gymnastik".

Tabelle 55: Bilanzierung Gymnastikräume / nutzungsoffene Räume

1 AE = 100qm	faktisch		rechnerisch	
	Sommer	Winter	Sommer	Winter
Gymnastik	11,2	13,1	11,2	13,1
Bedarf	*11,2*	*13,1*	*11,2*	*13,1*
Bestand	*8,0*	*8,0*	*11,4*	*11,4*
Bilanz	*-3,2*	*-5,1*	*0,2*	*-1,7*

---

[29] Im Leitfaden werden ohne nähere Ausführung als wöchentliche Nutzungsdauer insgesamt 74 Wochenstunden veranschlagt. Unklar bleibt dabei jedoch, ob sich die Nutzungsdauer auf Montag bis Freitag oder von Montag bis Sonntag bezieht (vgl. BISP, 2000, S. 93f.). Köhl & Bach (1998, Abb. A4-27) geben für Sporthallen ohne Schulnutzung eine Wochennutzungsdauer von 74 Stunden (Montag bis Sonntag) an.

Insgesamt ist die Anwendung der Nutzungsdauer problematisch. Zwar wird im „Leitfaden" präzise definiert, was unter Nutzungsdauer zu verstehen ist, nämlich „die Anzahl der Stunden pro Woche [...], die eine Sportanlage für Sportzwecke genutzt werden kann" (BISP, 2000, S. 27). Jedoch kollidiert hier die theoretisch nutzbare Zeit mit der Zeitspanne, die – erstens – Sportler nachfragen und – zweitens – Übungsleiter vorhanden sind. Beispielsweise kann eine vereinseigene Sporthalle ohne Schulnutzung theoretisch montags bis freitags durchgehend von 8 bis 22 Uhr genutzt werden (70 Wochenstunden), praktisch aber wird sich die Hauptnutzung auf die Zeit von 16 bis 22 Uhr verlagern (30 Wochenstunden), da nur hier die Sportler Zeiten nachfragen bzw. die Übungsleiter zur Verfügung stehen.

Vor allem bei der Bilanzierung der Gymnastikräume / nutzungsoffenen Räumen wird die oben bereits angesprochene Differenzierung zwischen faktischen und rechnerischen Anlageneinheiten virulent. Begründet liegt dies in der Vorgabe, dass die Belegungsdichte 10 Personen pro Anlageneinheit beträgt. Würde man hier nur mit den faktischen Anlageneinheiten bilanzieren, kommt es zu Verzerrungen des Ergebnisses, da beispielsweise Räume von 80 Quadratmetern und Räume von 190 Quadratmetern mit jeweils 10 Personen optimal belegt wären. Daher erfolgt die Bilanzierung des Bedarfes an Gymnastikräumen / nutzungsoffenen Räumen über den rechnerischen Bedarf, da hier die Diskrepanzen zwischen größeren und kleineren Räumen korrigiert werden.

Den für Gymnastik benötigten 13,1 Anlageneinheiten (Winter) stehen in Dreieich rechnerisch 11,4 Anlageneinheiten gegenüber. Die Bestands-Bedarfs-Bilanzierung ergibt eine rechnerische Unterversorgung von 1,7 Anlageneinheiten (Winterwert) bzw. 170 Quadratmetern.

5.3.2 Bilanzierung Einzelhallen

Eine Anlageneinheit Einzelhalle entspricht dem Standardmaß von 15x27 Metern (405qm Nettosportfläche). Rechnerisch ergibt die Bestandsaufnahme für Dreieich 12 Anlageneinheiten Einzelhalle, faktisch sind jedoch aufgrund der Vielzahl an kleineren Turnhallen, die nicht dem Normmaß entsprechen, 15 Anlageneinheiten Einzelhallen zum Bestand zu zählen (vgl. Tabelle 54).

Für die Bilanzierung werden folgende Parameter eingesetzt: Die durchschnittliche Nutzungsdauer wird auf 41,5 Wochenstunden für den Übungsbetrieb von Montag bis Freitag festgelegt. Dieser Wert wurde unter Berücksichtigung der Nutzungszeiten durch den Schulsport, der kulturellen Nutzungen oder der Nutzung durch andere Institutionen aus den gültigen Belegungsplänen als Mittelwert berechnet. Weiterhin wird davon ausgegangen, dass vereinseigene Sporthallen ohne Nutzung durch den Schulsport 70 Wochenstunden nutzbar sind.[30]

Zugeordnet werden den Einzelhallen die Sportarten Badminton, Basketball, Boxen, Budo- / Kampfsport, Leichtathletik, Tischtennis, Turnen und Volleyball. Die Belegungsdichte variiert je nach Sportart. In Anlehnung an den Leitfaden wird von folgenden Belegungsdichten für den Übungsbetrieb ausgegangen (vgl. BISP, 2000, S. 73ff.):

---

[30] Köhl & Bach (1998, Abb. A4-27) gehen von 74 Wochenstunden von Montag bis Sonntag aus, Hübner & Wulf (2004, S. 188) geben für Hallen und Räume ohne schulische Nutzung einen Wert von 70 Wochenstunden (Montag bis Freitag) an, der im Folgenden übernommen wird.

- Die optimale Belegungsdichte beträgt in der Regel 20 Personen pro Anlageneinheit.
- Die optimale Belegungsdichte bei Badminton beträgt 12 Personen pro Anlageneinheit.
- Die optimale Belegungsdichte bei Tischtennis beträgt 16 Personen pro Anlageneinheit.
- Die Belegungsdichte für Leichtathletik wird in Anlehnung an Hübner & Wulf (2004, S. 189) auf 20 Personen pro Anlageneinheit festgelegt.[31]

Die Angaben zum Auslastungsfaktor schwanken in der Literatur zwischen 0,75 (Köhl & Bach, 1998, S. 4-13), 0,83 und 0,85 (BISP, 2000, S. 44 / 93) oder 0,80 und 0,90 (Hübner & Wulf, 2004, S. 189). Da die Nutzungszeiten von Turn- und Sporthallen in der Regel zugeteilt werden und damit eine „programmierte Nutzung" (Köhl & Bach, 1998, S. 4-13) stattfindet, wird der Auslastungsfaktor in Dreieich auf 0,90 festgelegt.

Tabelle 56: Bilanzierung Einzelhallen

1 AE = 15x27m (405qm)	faktisch		rechnerisch	
	Sommer	Winter	Sommer	Winter
Badminton	0,6	0,5	0,6	0,5
Basketball	1,0	0,8	1,0	0,8
Boxen	0,2	0,2	0,2	0,2
Budo-/Kampfsport	2,7	2,3	2,7	2,3
Leichtathletik	0,5	0,4	0,5	0,4
Tischtennis	0,6	0,6	0,6	0,6
Turnsport	5,1	5,4	5,1	5,4
Volleyball	0,9	1,7	0,9	1,7
Bedarf	*11,5*	*12,0*	*11,5*	*12,0*
Bestand	*15,0*	*15,0*	*12,0*	*12,0*
Bilanz	*3,5*	*3,0*	*0,5*	*0,0*

Die Bilanzierung zeigt, dass bei der Anwendung der rechnerischen Anlageneinheiten ein ausgeglichenes Verhältnis zwischen Bestand und Bedarf besteht. Verwendet man in der Bilanzierung den faktischen Bestand an Anlageneinheiten, ist von einer leichten Überversorgung von 3,5 (Sommer) bzw. 3,0 (Winter) Anlageneinheiten auszugehen.

---

[31] Der Leitfaden sieht keine Nutzung von Hallen und Räumen durch die Leichtathletik vor.

5.3.3 Bilanzierung Zwei- und Dreifachhallen

Die Bilanzierung der Hallen und Räume wird mit einem Vergleich des Bestands und des Bedarfs für Zwei- oder Dreifachhallen abgeschlossen. Eine Anlageneinheit entspricht hier der Fläche von 968 Quadratmetern (22x44m). Zwei- und Dreifachhallen stehen dabei vorrangig für den Fußball-, Handball- und Hallenhockeysport zur Verfügung. Faktisch stehen in Dreieich insgesamt 4 AE Zwei- oder Dreifachhallen zur Verfügung, rechnerisch ergibt sich ein Bestand von 5,1 AE. Die Belegungsdichten sind laut „Leitfaden" für den Fußball- und Handballsport identisch, nämlich 20 Sportler pro Anlageneinheit. Die Nutzungsdauer für den Übungsbetrieb von Montag bis Freitag sowie der Auslastungsfaktor orientieren sich an den Werten, die für Einzelhallen gelten.

Tabelle 57: Bilanzierung für Zwei- und Dreifachhallen (Variante 1)

1 AE = 22x44m (968qm)	faktisch		rechnerisch	
	Sommer	Winter	Sommer	Winter
Fußball	1,7	4,1	1,7	4,1
Handball	3,0	4,9	3,0	4,9
Hockey	0,0	0,0	0,0	0,0
Bedarf	*4,7*	*9,0*	*4,7*	*9,0*
Bestand	*4,0*	*4,0*	*5,1*	*5,1*
Bilanz	*-0,7*	*-5,0*	*0,3*	*-3,9*

Eine erste Bilanzierung deutet darauf hin, dass in Dreieich mehrere Zwei- oder Dreifachhallen fehlen. Nimmt man die Winterwerte als Orientierungsgrundlage, ist bei der Anwendung der rechnerischen Anlageneinheiten von vier Zwei- oder Dreifachhallen als Fehlbestand auszugehen, bei der Anwendung der faktischen Anlageneinheiten sogar von fünf Zwei- oder Dreifachhallen. Der größte Bedarf wird durch den Handballsport generiert (4,9 Anlageneinheiten im Winter). Auf den Fußballsport – eine Sportart, die in der Regel auf Freiflächen ausgeübt wird – entfallen im Winter rund vier Anlageneinheiten. Diese erste Bilanzierung würde einer optimalen Versorgung mit Großsporthallen entsprechen.

In einer weiteren Variante, die auf den realistischen Gegebenheiten vor Ort und den Hallenbelegungsrichtlinien beruht, soll ermittelt werden, welchen Einfluss der Bedarf des Fußballsports auf die Bilanzierung dieses Anlagentyps hat. Die Kriterien zur Vergabe von Turn- und Sporthallen in Dreieich legen fest, dass die Großsporthallen vorrangig den Hallensportarten zur Verfügung stehen und dass die fußballspielenden Vereine in den Wintermonaten eher die Turnhallen (und nach den Belegungsplänen auch nur für den Kinder- und Seniorenfußball) nutzen.

In Tabelle 58 wird davon ausgegangen, dass im Winter die Zwei- und Dreifachhallen nicht durch den Fußballsport genutzt werden. Dies bedeutet, dass der Übungsbetrieb der Fußballjugend (über 14 Jahre)[32] und der Erwachsenen im Winter komplett auf Außensportanlagen durchgeführt wird. Die restlichen Parameter zur Belegungsdichte, Nutzungsdauer und zum Auslastungsgrad bleiben gleich.

Tabelle 58: Bilanzierung für Zwei- und Dreifachhallen (Variante 2)

1 AE = 22x44m (968qm)	faktisch		rechnerisch	
	Sommer	Winter	Sommer	Winter
Handball	3,0	4,9	3,0	4,9
Hockey	0,0	0,0	0,0	0,0
Bedarf	*3,0*	*4,9*	*3,0*	*4,9*
Bestand	*4,0*	*4,0*	*5,1*	*5,1*
Bilanz	*1,0*	*-0,9*	*2,1*	*0,2*

Unter dieser Annahme verringert sich der faktische Bedarf an Großsporthallen im Winter auf eine Anlageneinheit. Legt man den rechnerischen Bestand zugrunde, ist von einer ausgeglichenen Bilanz auszugehen.[33]

Die vorgestellte Modellrechnung gibt einen Hinweis darauf, dass die festgestellten Unter- und Überversorgungen an überdachten Räumen durch andere Zuteilungen zu großen Teilen auszugleichen sind (vgl. die Diskussion der Berechnungen im Kapitel 6.3.3).

---

[32] Fußballtraining für Kinder unter 14 Jahren kann nach dieser Modellrechnung auch in Einzelhallen durchgeführt werden.

[33] Gleichzeitig würde sich allerdings die Bilanz in Bezug auf Einzelhallen verändern, da dort der Bedarf an Übungsstunden für den Kinderfußball mit aufgenommen werden müsste.

5.4 Bilanzierung Hallen und Räume für den Schulsport

Eine Beurteilung des Bestandes an Turn- und Sporthallen hat sich zusätzlich an den Bedarfen der Dreieicher Schulen zu orientieren. Eine Berechnung der notwendigen Anlageneinheiten erfolgt dabei nach den Vorgaben des „Leitfadens für die Sportstättenentwicklungsplanung" (vgl. BISP, 2000; Rütten, Schröder & Ziemainz, 2003) nach folgender Formel:

$$\text{Anlageneinheit} = \frac{\text{Klassen x Sportstunden pro Woche}}{\text{Belegungsdichte x Nutzungsdauer pro Woche}}$$

Für die Grundschulen wird von drei Sportstunden pro Woche und einer Nutzungsdauer von 30 Stunden pro Woche, für alle weiterführenden Schulen von 2,7 Sportstunden pro Woche und einer Nutzungsdauer von 45 Stunden pro Woche ausgegangen. Die Belegungsdichte beträgt in jedem Fall eine Klasse/Sportgruppe pro Anlageneinheit. Damit ergibt sich für Grundschulen der in der Literatur vorgeschlagene einfache Berechnungsschlüssel „eine Anlageneinheit Turn-/Sporthalle für je 10 Klassen" (vgl. DSB, 1992, S. 30), für die weiterführenden Schulen ein Schlüssel von knapp 17 Klassen pro Anlageneinheit. Unter einer Anlageneinheit wird dabei eine Halle mit den Maßen 15 x 27 Meter verstanden.

Tabelle 59: Hallenbedarf der Dreieicher Schulen

Schulart	Schülerzahl	Klassenzahl (inkl. Kurse Oberstufe)	Sportstunden pro Woche	Nutzungsdauer pro Woche	Anlageneinheiten Halle
Grundschulen	1.626	75	3	30	7,50
Gymnasien	1.157	40	2,7	45	2,40
Gesamtschulen	2.290	91	2,7	45	5,46
Berufliche Schulen (Vollzeit)	745	38	2,7	45	2,28
Berufliche Schulen (Teilzeit)	1.028	59	1	50	1,18
Förderschule	229	17	2	30	1,13
Gesamt	*7.075*	*320*			*19,95*

Auf einer allgemeinen Ebene sind für den Schulsport in den 320 Klassen in den Dreieicher Schulen 19,95 Anlageneinheiten notwendig. Diesen steht auf den ersten Blick ein Bestand von 19 Anlageneinheiten gegenüber, die direkt den Schulen zugeordnet sind. Insgesamt kann – bezogen auf die kommunalen Turn- und Sporthallen – rein rechnerisch auf eine knapp ausreichende Versorgung an Hallen und Räumen für den Schulsport geschlossen werden. Bezieht man die vereinseigenen Turn- und Sporthallen sowie die Turnhalle der Volkshochschule in die Berechnungen mit ein, sind theoretisch 26 Anlageneinheiten Einzelhalle[34] für den Schulsport verfügbar (siehe auch Kapitel 5.3). Diese positive Bilanz muss jedoch durch die Berücksichtigung folgender Faktoren relativiert werden:

- Die Versorgungslage der einzelnen Schulen ist sehr ungleich.
- Zum Bestand an Anlageneinheiten werden auch Gymnastikräume und Kleinturnhallen gezählt. Deren Größe entspricht jedoch in keiner Weise der Normgröße von 15 x 27 Metern.
- Nicht berücksichtigt in der Berechnung sind schulische Arbeitsgemeinschaften mit sportlichem Inhalt, spezifische Schwerpunkte im Schulsport, neue Anforderungen der Ganztagsschulen oder Entfernungen der Hallen vom Schulgelände.

5.5 Bilanzierung Tennissportfreianlagen

Ergänzend zu den Außensportanlagen und den Hallen und Räumen für Sport und Mehrzwecknutzung wird eine Bestands-Bedarfs-Bilanzierung für den Tennissport (Außenanlagen) vorgenommen.[35]

Für den Tennissport müssen Freianlagen sowie Felder in Hallen unterschieden werden. Nachfolgend beschränken wir uns auf die Tennisfreianlagen. Ein Tennisfeld entspricht einer Anlageneinheit. In Anlehnung an Köhl & Bach (1998) werden bei der Bestands-Bedarfs-Bilanzierung für den Tennissport folgende Annahmen getroffen:

- Die durchschnittliche Belegungsdichte beträgt allgemein 2,7 Personen pro Anlageneinheit.
- Der Auslastungsfaktor wird für Freianlagen auf 75 Prozent festgelegt.
- Die durchschnittliche Nutzungsdauer (Montag bis Sonntag) wird für Freianlagen auf durchschnittlich 98 Wochenstunden festgelegt.

Wie die Bestandserhebung ergeben hat, gibt es in Dreieich 43 Tennisfelder (Freianlagen). Folgt man den Berechnungen des BISP und legt dabei die oben genannten Parameter für den Tennissport zugrunde, ist im Sommer ein Bedarf an Freianlagen von 36 Feldern zu konstatieren. Die Bilanzierung zeigt, dass in Dreieich im Sommer etwa sieben Tennisfelder überschüssig sind.

---

[34] Zwei- und Dreifachhallen werden für den Schulsport in Einzelhallen untergliedert. Eine Dreifachhalle entspricht 3 AE Einzelhalle.

[35] Bilanzierungen für den Tennissport finden sich u.a. bei Hübner, Pfitzner & Wulf, 2003; Hübner & Wulf, 2004; Gabler et al., 2003.

Tabelle 60: Bilanzierung Tennisfelder (Freianlagen)

	Sommer
Tennisfelder	35,89
Summe Bedarf	*35,9*
Summe Bestand	*43,0*
Bilanz	*7,1*

5.6 Zusammenfassung

Die präsentierten Berechnungen basieren auf den Angaben zum Sportverhalten der Bevölkerung sowie auf den Angaben des Landessportbundes Hessen für die Mitgliederzahlen in den einzelnen Sportvereinen bzw. Fachverbänden. Hervorgehoben werden muss, dass die zugrunde gelegten Planungsparameter z.t. normativ festgesetzt wurden, da der „Leitfaden" bis dato nicht für alle Parameter Größen vorgibt. Sämtliche Berechnungen wurden darüber hinaus auf der Grundlage der Annahme vorgenommen, dass die Dreieicher Sportler mobil sind – traditionsbedingtes Ortsteildenken wurde nicht berücksichtigt. Zusammenfassend kann für die Berechnung des Sportstättenbedarfs in Dreieich festgehalten werden:

- Für die Spielfelder ist insgesamt eine mehr als ausreichende Versorgung in Dreieich festzuhalten. Legt man die Variante 3 zugrunde, ist im Sommer von einem Überschuss an Großspielfeldern von 2,6 Anlageneinheiten auszugehen.
- In Bezug auf Leichtathletik-Kampfbahnen zeigen die Bilanzierungen, dass rechnerisch eine Kampfbahn für Dreieich ausreichend ist.
- Für nicht-normierte Räume (Gymnastikräume, nutzungsoffene Räume) ist in Dreieich ein Bedarf von etwa 1,7 Anlageneinheiten festzustellen.
- Der Bestand an Einzelhallen ist ausreichend, wenngleich darauf hingewiesen werden muss, dass die Mehrzahl der Einzelhallen nicht der Standardgröße von 15x27 Metern entspricht. Legt man die Anforderungen an die Einzelhallen großzügiger aus und nimmt die Bilanzierung der faktischen Anlageneinheiten als Basis der Berechnungen, ist ein Überschuss von drei Anlageneinheiten Einzelhalle festzustellen.
- Bei den Zwei- und Dreifachhallen wird für eine optimale Versorgung ein Bedarf von vier bis fünf Anlageneinheiten bilanziert. Diese Anzahl kann durch eine Konzentration auf Hallensportarten verringert bzw. ausgeglichen werden.

- Für den Bedarf des Schulsports an Hallen und Räumen wird eine ausreichende, wenn auch nicht optimale Versorgung konstatiert.
- Bei den Tennisfreianlagen wird ein Überschuss von rund sieben Feldern festgestellt.

Die angestellten Berechnungen können aufgrund der vielfältig angenommenen Prämissen lediglich Näherungswerte sein und müssen von den lokalen Experten kritisch hinterfragt und diskutiert werden. Erst durch die Behandlung in der kooperativen Planungsgruppe kann der tatsächliche Bedarf an Sportanlagen in Dreieich angemessen erfasst werden. Die Verarbeitung der Ergebnisse der Bilanzierung im Planungsprozess wird exemplarisch in den Kapiteln 6.3.2 und 6.3.3 nachvollzogen.

6 Planungsprozess und Handlungsempfehlungen

6.1 Die Zusammensetzung der Planungsgruppe

In Übereinstimmung mit den Vorgaben des Modells der „Kooperativen Planung" (vgl. Kapitel 2.2.1) wurde bei der Zusammensetzung der Planungsgruppe darauf geachtet, dass ein breites Spektrum lokaler Experten für Sport und Bewegung eingeladen wurde. Zusammenfassend kam der 20 bis 25 Personen umfassende Kreis aus vier Gruppierungen: Aus dem *organisierten Sport*, aus der *Kommunalpolitik*, aus der *Kommunalverwaltung* sowie Repräsentanten von *freien Gruppen*.

Die Gruppe des organisierten Sports setzte sich aus den Vertreter/-innen der größeren Turn- und Sportvereine zusammen, wobei aufgrund der besonderen Problematik der Außensportanlagen die Sportarten Baseball und Fußball verstärkt Berücksichtigung fanden. Für die Kommunalpolitik nahmen Vertreter/-innen aller Fraktionen der Stadtverordnetenversammlung sowie die Stadträtin am Planungsprozess teil. Die Gruppe der städtischen Verwaltung umfasste Vertreter/-innen aller städtischen Dezernate, unter anderem aus den Fachbereichen Planung und Bau, Bürger und Ordnung, Soziales und Schule und dem Referat Förderung von Vereinen, sowie die Frauenbeauftragte. Die freien Gruppen und Institutionen setzten sich aus Vertreter/-innen der Schulen, dem Bund für Umwelt und Naturschutz e.V. und dem Ausländerbeauftragten zusammen.

In dieser heterogen besetzten lokalen Planungsgruppe entwickelte sich insgesamt ein konstruktives Arbeitsklima. Des weiteren ist hervorzuheben, dass die Mehrzahl der lokalen Expert/-innen über die gesamte Planungsphase kontinuierlich an den Sitzungen teilnahm und sich alle Teilnehmerinnen und Teilnehmer aktiv in die Diskussions- und Arbeitsrunden einbrachten. Allerdings muss erwähnt werden, dass nicht alle eingeladenen Sportvereine die Gelegenheit der Teilnahme an der Sportentwicklungsplanung nutzten.

6.2 Der Planungsprozess im Überblick

Der partizipatorische Planungsprozess in Dreieich erstreckte sich über sechs Sitzungen (darunter ein Workshop mit der Dauer von eineinhalb Tagen), die im Zeitraum zwischen November 2004 und Mai 2005 durchgeführt wurden.

Zu Beginn der Planungsarbeit wurden die Grundlagen für die spätere Arbeitsphase gelegt. Die Teilnehmer/-innen der Planungsgruppen erhielten Informationen über Ziele und Verlauf des gesamten Projektes. Schwerpunkte waren dabei Wandlungsprozesse des Sports, zielgruppenspezifische Ausführungen zur Kindheits- und Jugendphase in der modernen Gesellschaft, das Leitbild der sport-

und bewegungsgerechten Stadt als Ziel des Sportentwicklungsprozesses, das kooperative Planungsverfahren, das konkrete Vorgehen in Dreieich sowie einige Beispiele aus anderen Projekten. Ziel war es, die Planungsgruppenmitglieder auf die Komplexität der Aufgabenstellung vorzubereiten und sie dafür zu sensibilisieren, nicht nur die eigenen Interessen zu vertreten, sondern die gesamte Sportentwicklung aus verschiedenen Perspektiven zu betrachten. Eine grundlegende Bedarfssammlung zu den verschiedenen Ebenen einer sportiven Infrastruktur, zu Angeboten und Organisationsformen des Sporttreibens rundeten diese Planungsphase ab. Die gesammelten Bedarfe wurden vom Projektteam geordnet, thematisch zusammengefasst und in der nächsten Sitzung aus der Perspektive der lokalen Experten hierarchisiert. Gleichzeitig wurden wesentliche Ergebnisse der empirischen Bevölkerungsbefragung referiert (vgl. Kapitel 4).

Die Ergebnisse der Befragungen bildeten eine der Datengrundlagen für die weiteren Arbeiten in der Gruppe, die auf der Basis der bereit gestellten Informationen Maßnahmenkonzepte und Handlungsempfehlungen für thematische Schwerpunkte erarbeitete. Diese Empfehlungen wurden im Laufe der Arbeitsphase fortlaufend modifiziert und konkretisiert, so dass das Verfahren als „work in progress" bezeichnet werden kann. Zu jeder Sitzung konnten Kommentare, Ergänzungen und Änderungswünsche von den Mitgliedern der Planungsgruppe zu Protokoll gegeben bzw. zur Diskussion gestellt werden.

Die sechste und abschließende Sitzung diente der endgültigen Diskussion und Abstimmung der erarbeiteten Handlungsempfehlungen. Dabei wurden die Handlungsempfehlungen in Bezug auf den Zeithorizont ihrer Umsetzung diskutiert sowie hinsichtlich der Punkte „Verantwortlichkeit / Zuständigkeit" und „Finanzbedarf" konkretisiert. Zur Kontrolle der Umsetzung der Handlungsempfehlungen schlugen die Moderatoren die Installation einer Umsetzungskommission vor, die regelmäßig tagen soll. Aufgabe dieser Kommission wird es sein, die Umsetzung zu begleiten und gegebenenfalls steuernd einzugreifen. Die personelle Zusammensetzung soll der der kooperativen Planungsgruppe ähnlich sein.

Das Maßnahmenkonzept wurde von den Mitgliedern der Planungsgruppe ohne Gegenstimmen verabschiedet.

6.3 Die Entwicklung von Maßnahmen in ausgewählten Themenschwerpunkten

Die Arbeit der Planungsgruppe soll exemplarisch an fünf Themenschwerpunkten nachgezeichnet werden soll. Dabei werden auszugsweise Beispiele aus der Fülle an Informationen und präsentierten Daten, die den Arbeitsprozess vorbereiteten und strukturierten, angeführt sowie die erarbeiteten Handlungsempfehlungen dargestellt, wobei deren Inhalte nur stichwortartig umrissen werden. Dadurch reduzieren sich der Detaillierungsgrad und die Ortsspezifität, die im ausführlichen Abschlussberichts des Projektes vorliegen.[36]

6.3.1 Informelle Bewegungsräume sowie Lauf-, Rad- und Inlinermöglichkeiten

Mit der Ausdehnung des Blickwinkels kommunaler Planungen und der Etablierung des übergeordneten Leitbildes einer „sport- und bewegungsgerechten Stadt" nehmen die informellen Sport- und Bewegungsräume im Wohnumfeld und den Stadtteilen einen zentralen Platz bei der Planung einer zukunftsorientierten Infrastruktur für Sport und Bewegung ein. Diese „unterste" Ebene der Infrastruktur wird als Basis einer Forcierung von Bewegung angesehen. Auf dieser Ebene steht im Vordergrund, offen zugängliche, veränderbare, mit wenig Aufwand nutzbare Flächen zur selbstbestimmten und freien Nutzung zur Verfügung zu stellen – in der Regel ohne großen zusätzlichen Flächenbedarf.

Daten aus der Bevölkerungsbefragung ließen in der Planungsgruppe Bedeutung und Bewertung der informellen Sport- und Bewegungsräume deutlich hervortreten (vgl. z.B. Tabelle 32). Erste Handlungsbedarfe in Richtung einer Optimierung der dezentralen Grundversorgung mit Bewegungsräumen im Wohngebiet, insbesondere für Kinder, konnten daraus abgeleitet werden. Dies deckte sich auch mit den Ergebnissen der Bedarfshierarchisierung, in der die informellen Sporträume, z.B. die Öffnung und bewegungsfreundliche Gestaltung von Schulhöfen, überwiegend als wichtig oder sehr wichtig eingestuft wurden (siehe Tabelle 61). Ebenfalls waren der Planungsgruppe wohnortnahe, einfachere Bewegungsräume wie beispielsweise Bolzplätze und Freizeitspielfelder wichtig. Darunter fallen u.a. altersübergreifende und naturnah gestaltete Bewegungsräume.

---

[36] Auch die diskutierten Zuständigkeiten und die Überlegungen zur Finanzierung werden im Folgenden nicht wiedergegeben.

Tabelle 61: Bedarfshierarchisierung informelle Bewegungsräume

Bedarf	MW
bewegungsfreundliche Schulhöfe (inkl. Pflege + Wartung)	4,7
Öffnung der Schulhöfe	4,3
wohnortnahe Sport- und Bewegungsräume erhalten bzw. ausbauen	4,1
Bolzplätze/Freizeitspielfelder	4,0
vielfältige, altersübergreifende Sport- und Bewegungsräume	3,9
naturnahe Spielräume	3,8
frauen- und mädchengerechte Sport- und Bewegungsräume	3,4
Erweiterung der Spielplätze	3,4
Streetball-Felder	3,4
Grillplatz für Vereinsnutzung anbieten	2,5

Mittelwerte; Wertebereich von (1) unwichtig bis (5) wichtig)

Wald, Wege und Straßen stellen wesentliche Orte für die Sportaktivitäten dar (vgl. Kapitel 4.4.3). Diese Erkenntnis machte sich auch die Planungsgruppe zu eigen, indem sie, wie aus der Bedarfshierarchisierung aus Tabelle 62 hervorgeht, die gute Erreichbarkeit von Sport- und Bewegungsräumen und die Optimierung des Radwegenetzes als sehr wichtig einschätzte. Darüber hinaus wurden auch die anderen Bedarfe auf der Ebene der Verbindungswege für überwiegend wichtig erachtet, wobei die Planungsgruppe von Anfang an die Berücksichtigung der finanziellen Möglichkeiten der Stadt in ihr Kalkül einbezog.

Tabelle 62: Bedarfshierarchisierung Verbindungswege

Bedarf	MW
gute Erreichbarkeit der Sportstätten - Kinder und Jugendliche	4,7
Berücksichtigung der finanziellen Möglichkeiten	4,7
Optimierung Radwegenetz (mit Verbindung in alle Ortsteile)	4,5
Beschilderung von Laufstrecken	3,9
Ausbau von Feld- und Waldwegen für Freizeitsport (Rad-, Inlinerwege)	3,6
Kooperation mit Nachbarkommunen	3,5
Inline-Möglichkeiten/Inlinerstrecken	3,1

Mittelwerte; Wertebereich von (1) unwichtig bis (5) wichtig)

Bei der Gestaltung informeller Bewegungsräume und Sportgelegenheiten kommt kleinräumigen Analysen und konkreten Gestaltungs- und Nutzungsüberlegungen eine besondere Bedeutung zu. Ein Überblick über den quantitativen Bestand an informellen Sporträumen im Stadtteilvergleich belegt eine unterdurchschnittliche Versorgung mit Freizeitspielfeldern bzw. Bolzplätzen in den Stadtteilen Sprendlingen und Offenthal (siehe Tabelle 63).

Tabelle 63: Informelle Bewegungsräume in Dreieich im Stadtteilvergleich

Ortsbezirk	Bevölkerung (30.06.04)	Freizeitspielfelder Anzahl	Fläche	qm/EW
Buchschlag	3.161	1	1.000	0,32
Dreieichenhain	8.728	1	5.000	0,57
Götzenhain	4.969	2	5.150	1,04
Offenthal	5.384	1	350	0,07
Sprendlingen	21.138	2	690	0,03
Gesamt	43.380	7	12.190	0,28

In der Zusammenschau mit Daten der Bevölkerungsbefragung[37] konnte insbesondere Sprendlingen als Stadtteil mit hohem Entwicklungsbedarf in Bezug auf informelle Bewegungsräume identifiziert werden. Die in vier – nach Stadtteilen gegliederten – Arbeitsgruppen erarbeiteten Handlungsempfehlungen für eine Optimierung der informellen Sport- und Bewegungsmöglichkeiten werden im Folgenden stichwortartig dargestellt:[38]

Handlungsempfehlungen:
Übergeordnete Handlungsempfehlung

- Vernetzung und Rückkopplung aller Maßnahmen im Bereich der Infrastruktur mit der Stadtentwicklungsplanung, v.a. angesichts der Struktur der Stadt (fünf gewachsene Ortsteile, die z.T. räumlich weit voneinander getrennt liegen)

Bewegungsfreundliche Gestaltung des Wohnumfeldes

- Durchführung einer Strukturanalyse für jeden Stadtteil, um Stadtteile mit Bevölkerungswachstum, Bevölkerungsschwund, Verjüngung und Überalterung zu identifizieren
- Ausweisung von Flächen für Sport, Spiel und Bewegung in einer Freizeitkarte
- Gewinnung von Spielplatzpaten durch Spielplatzfeste, Nachbarschaftstreffs und –initiativen
- Aufwertung der Freiflächen in den Wohnstädten Breitensee und Hirschsprung in Sprendlingen
- Aufwertung des Bürgerparks (Ersatzfläche der KITA) in Sprendlingen
- Aufwertung der Grünfläche Mariahall in Sprendlingen

---

[37] Z.B. werden die informellen Bewegungsräume im Wohnumfeld von der Bevölkerung in Sprendlingen am schlechtesten bewertet (vgl. Tabelle 30).
[38] Die Empfehlungen für die einzelnen Stadtteile werden im Folgenden nur exemplarisch angeführt.

Bewegungsfreundliche Schulhöfe
- Generelle Öffnung der Schulhöfe und Schulgelände der Dreieicher Schulen für Sport, Spiel und Bewegung außerhalb der Unterrichtszeiten (Antrag beim Schulträger)
- Sukzessive Umgestaltung von monofunktionalen Pausenhöfen in bewegungsfreundliche und naturnahe Schulhöfe in allen Dreieicher Schulen; dabei Berücksichtigung von Konzeptionen in Richtung eines Freizeit- und Bewegungsraumes für alle Generationen; Beteiligung der betroffenen Personen an der Planung und Umsetzung, um eine hohe Identifikation mit den Umbaumaßnahmen sicherzustellen
- Verstärkung der Kooperation zwischen Schulen und Sportvereinen, v.a. vor dem Hintergrund der Ganztagsschule; Prüfung, ob Schulsportanlagen für den Vereinssport zugänglich gemacht werden können
- Integration des Schulgeländes in Offenthal in eine größere Freizeitspielfläche

Freizeitspielfelder in den Stadtteilen
- Schaffung von frei zugänglichen Sport- und Bewegungsräumen (Freizeitspielfeldern) mit vielfältigen Bewegungsmöglichkeiten für unterschiedliche Alters- und Interessengruppen in jedem Stadtteil
- Erhalt bzw. Legalisierung der vorhandenen Freizeitspielfelder durch eine Aktualisierung von Flächennutzungs- und Bebauungsplan
- Schaffung von neuen, multifunktionalen Freizeitspielfeldern in den tendenziell unterversorgten Stadtteilen Sprendlingen und Offenthal (s.u.)
- Multifunktionale Ausstattung der Freizeitspielfelder (z.B. Tore, Körbe, Pfosten und Markierungen für Sportspiele bzw. naturbelassene Flächen für das freie Spiel), um von allen Altersgruppen genutzt werden zu können

Inliner-, Rad- und Laufmöglichkeiten
- Vernetzung der Sportentwicklungsplanung mit der derzeitigen Radwegeplanung der Stadt Dreieich, mit den Planungen der Umlandgemeinden und mit den Planungen des Landkreises
- Schließung von Verbindungslücken, insbesondere bei Rad- und Inliner-Rundkursen (Herrnroth, Rostadt) und bei Verbindungsstrecken zu Nachbarkommunen (Langen, Dietzenbach, Rödermark, Neu-Isenburg, Messel); interkommunale Kooperationen

- Dokumentation und Veröffentlichung vorhandener Wegstrecken für die verschiedenen Nutzergruppen (z.B. Stadtpläne für Walker, Laufwege, Radwege etc. oder Veröffentlichung der Wegenetze auf der Homepage der Stadt Dreieich)
- Einheitliche Beschilderung der Radwege nach den Vorgaben des Landkreises; Vermessung, Ausweisung und farbliche Markierung der Inliner- und Laufwege; Ausschilderung der vorhandenen Wanderwege
- Prüfung der Sanierung des vorhandenen Trimm-Dich-Pfades bzw. der Neuausweisung von Laufstrecken mit Fitness-Stationen (z.B. in den Gemarkungen Mitteldick und Herrnroth – beide Sprendlingen)

6.3.2 Außensportanlagen

Die quantitative Bestimmung des Bedarfes an „Kernsportstätten" (z.B. Sportplätze, Turn- und Sporthallen) stellt ein klassisches Feld der Sportstättenentwicklungsplanung dar. Bei der Konzipierung von Handlungsempfehlungen für diesen Schwerpunkt bildeten die Berechnungen nach den Vorgaben des „Leitfadens für die Sportstättenentwicklungsplanung" die Grundlage (vgl. Kapitel 5). Im Sinne der partizipatorischen Planungsphilosophie der „Kooperativen Planung" wurden diese quantitativen Daten mit anderen Erkenntnissen kombiniert und vor dem Hintergrund des lokalen Expertenwissens in der Planungsgruppe interpretiert.

Bei der detaillierten Präsentation der Ergebnisse der Berechnungen nach dem „Leitfaden" wurden das komplizierte Procedere veranschaulicht, die unterschiedlichen Varianten präzisiert und zugrundeliegende Planungsparameter diskutiert (siehe hierzu auch Kapitel 5). Nach Meinung der Planungsgruppe spiegelt die Variante 3 der Bestands-Bedarfs-Bilanzierung die realen Verhältnisse vor Ort am besten wider, so dass von einer moderaten Überversorgung an Groß- und Kleinspielfeldern sowie an Leichtathletik-Kampfbahnen in Dreieich ausgegangen wurde.

Auch Vergleiche mit der Versorgung anderer Städte führten zu dem Ergebnis, dass Dreieich über eine mehr als ausreichende Ausstattung an Großspielfeldern verfügt.

Tabelle 64: Spielfelder im Städtevergleich[39]

	Dreieich	Wetzlar	Kaufungen	Wiesbaden	Remseck	Konstanz
Einwohner	43.380	53.009	12.895	271.299	22.392	78.659
Großspielfelder	17	21	5	45	9	18
qm	126.123	148.268	35.815	296.267	58.991	118.629
Kleinspielfelder	5	3	3	70	10	9
qm	9.661	2.400	1.000	104.117	18.438	22.438
Gesamt-qm	*135.784*	*150.668*	*36.815*	*400.384*	*77.429*	*141.067*
qm pro Einwohner	3,13	2,84	2,85	1,48	3,46	1,79

Neben der Bestandserhebung und -bilanzierung gaben die durchgeführten empirischen Studien der Planungsgruppe weitere Anhaltspunkte für die Entwicklung eines problemadäquaten Maßnahmenkatalogs. Die Ergebnisse der Bevölkerungsbefragung belegen, dass nur ein kleiner Teil der Sportaktivitäten auf den herkömmlichen Sportplätzen stattfindet (Sommer: 4,2 Prozent), dass die Bürger/-innen eher die Ergänzung und den Umbau der bestehenden Sportstätten als den Bau neuer normgerechter Sportstätten favorisieren und dass bei den Nennungen zu fehlenden Räumen die Sportplätze auf dem sechsten Rang liegen (vgl. Kapitel 4).

Dabei zeigte sich, dass die zu Beginn der Planungen durchgeführte Bedarfshierarchisierung der Expert/-innen in der Planungsgruppe in Bezug auf die Sportaußenanlagen inhaltlich ein eindeutiges Bild ergibt, welches den Tendenzen der oben referierten Daten entspricht. Auch hier erhielten Fragen der Sanierung und der qualitativen Aufwertung der Sportplätze erhöhte Relevanz (siehe Tabelle 65). Darüber hinaus standen für die Planungsgruppe ausreichende Trainings- und Wettkampfmöglichkeiten für die Vereine und der Erhalt des Freibades im Mittelpunkt. Ebenfalls wurde die Beibehaltung der dezentralen Strukturen der Sportanlagen von den Experten favorisiert. Hinsichtlich des Neubaus von Sportanlagen lag die Präferenz der Planungsgruppe im Turn- und Sporthallenbereich.

---

[39] Vergleichsdaten: Konstanz: Hübner & Pfitzner, 2001; Remseck: Eckl & Schrader, 2004; Wiesbaden: Wetterich & Eckl, 2005b; Kaufungen: Rütten, Schröder & Möhwald, 2005; Wetzlar: Hübner, Pfitzner & Wulf, 2003.

Tabelle 65: Bedarfshierarchisierung reguläre Sportstätten

Bedarf	MW
Sanierung (und Modernisierung) bestehender Sportanlagen	4,5
ausreichende Trainings- und Wettkampfmöglichkeiten für Vereine	4,3
bessere Pflege / Wartung der Sportanlagen	4,3
Erhalt des Freibades für Schul- und Vereinssport	4,2
familienfreundliche Sportanlagen	4,0
dezentrale Sportanlagen	3,7
mehr Turnhallen in Dreieich	3,6
Berücksichtigung von ökologischen Gesichtspunkten bei Sportanlagen	3,6
Umnutzung vorhandener Anlagen	3,6
Dreifeld-Sporthalle(n)	3,5
Ausbau der Leichtathletikanlagen in allen Ortsteilen für Schule & Verein	3,5
Verzicht auf große Neuanlagen	3,5
Berücksichtigung neuer Sportarten	3,4
Zentralisierung der Sportstätten in den Stadtteilen	3,0
Kletterwände (z.B. in Sporthallen)	3,0
wettkampfgerechter Baseballplatz	2,9
Zentren für bestimmte Sportarten	2,9
Kunstrasenplatz in jedem Ortsteil	2,7
Kletterhalle	2,2

Mittelwerte; Wertebereich von (1) unwichtig bis (5) wichtig)

Die Versorgung mit Sportaußenanlagen ist in den Stadtteilen unterschiedlich, so dass in ausgewählten Ortsbezirken durchaus Handlungsbedarf, v.a. im Sinne einer qualitativen Verbesserung der Sportplatzsituation, besteht. Wie aus Tabelle 66 hervorgeht, sind insbesondere die Ortsbezirke Offenthal, Götzenhain und Dreieichenhain überdurchschnittlich versorgt, während Buchschlag über keine regulären Außensportanlagen verfügt.

Tabelle 66: Groß- und Kleinspielfelder in Dreieich im Stadtteilvergleich

Ortsbezirk	Bevölkerung (30.06.04)	Großspielfelder		Kleinspielfelder		Gesamt	qm pro
		Anzahl	Fläche	Anzahl	Fläche	Fläche	Einwohner
Buchschlag	3.161						0,00
Dreieichenhain	8.728	4	30.146	2	2.002	32.148	3,68
Götzenhain	4.969	3	20.148			20.148	4,05
Offenthal	5.384	3	22.181			22.181	4,12
Sprendlingen	21.138	7	53.648	3	7.759	61.307	2,90
Gesamt	43.380	17	126.123	5	9.661	135.784	3,13

Auf Basis dieser Daten erarbeitete die Planungsgruppe Handlungsempfehlungen in Bezug auf die Sportaußenanlagen. Der Konsensbildungsprozess zwischen den Teilnehmer/-innen entpuppte sich als relativ schwierig, da hier grundlegende Entscheidungen für eine Neustrukturierung der sportiven Infrastruktur in Dreieich erfolgen sowie Ortsteildenken überwunden und spezifische Vereinsinteressen (Baseball) berücksichtigt werden mussten. Der Diskussionsprozess erstreckte sich daher auf mehrere Sitzungen, wobei im Endergebnis folgende Handlungsempfehlungen gemeinsam verabschiedet wurden:

Handlungsempfehlungen auf gesamtstädtischer Ebene:
- Beibehaltung und Stärkung der dezentralen Struktur der Sportaußenanlagen in Dreieich. In einzelnen Bereichen (siehe Leichtathletik) soll eine Zentralisierung in Angriff genommen werden.
- Aufgabe des Sportplatzes an der alten B3 (Frankfurter Straße) angesichts der moderaten Überversorgung mit Großspielfeldern; Erhalt der anderen Spielfelder aufgrund der spezifischen Struktur der Stadt; offen zugängliche Sport- und Bewegungsräume in allen Stadtteilen
- Sanierung und qualitative Aufwertung der bestehenden Anlagen (systematische Erfassung des Sanierungsbedarfes; Prüfung von Möglichkeiten der Nutzungs- und Auslastungsoptimierung durch qualitative Aufwertung; Erstellung einer Prioritätenliste)
- Abgestimmtes Konzept für Leichtathletikanlagen: Schaffung eines nutzbaren Grundangebots an Leichtathletikeinrichtungen für den Schul- und Vereinssport (insbesondere die Kinder- und Jugendarbeit) in allen Stadtteilen durch kompakte multifunktional nutzbare Anlagen, auf denen die Grundformen der leichtathletischen Lauf-, Sprung- und Wurfdisziplinen ausgeübt werden können (vgl. z.B. Koch, 1997, S. 80/81); perspektivisch gleichzeitig Konzentration der normierten, wettkampfmäßig betriebenen Leichtathletik auf einer qualitativ hochwertigen Kampfbahn (Breite Haagwegschneise, Aufgabe der 400-Meter-Laufbahn in der Maybachstraße), die von allen Vereinen in Dreieich genutzt werden kann
- Grundsätzliche Unterstützung der Einrichtung einer Spielstätte für den Baseballsport, die auch eine multifunktionale Nutzung ermöglicht; interkommunale Abstimmung im Kreis Offenbach und mit bestehenden Baseballmannschaften in Darmstadt und Frankfurt; Prüfung planungsrechtlicher Voraussetzungen für unterschiedliche Standorte
- Aufwertung ausgewählter Anlagen durch die Berücksichtigung freizeit-, breiten- und schulsportorientierter Belange zu multifunktionalen, familienfreundlichen Sportplätzen,[40] insbesondere bei anstehenden Sanierungsmaßnahmen; Schaffung von vielfältigen, Freizeit- und Wettkampfsport integrierenden Zentren unter Berücksichtigung einer Ausgewogenheit zwischen den Stadtteilen

---

[40] In diesem Zusammenhang ist auch zu prüfen, inwieweit durch Angebote für Mädchen und Frauen die bisherige „männer- und fußballlastige" Ausgestaltung der Plätze ergänzt werden kann.

- Schaffung einer größeren, multifunktionalen Beachanlage; Integration in Sportplatz (s.o.) bzw. Ausbau im Freibad

Handlungsempfehlungen in den Stadtteilen:
- Unter Berücksichtigung der Versorgung der einzelnen Stadtteile und der Situation der ansässigen Vereine vorrangiger Handlungsbedarf (z.B. qualitative Optimierung) in den schlechter versorgten Stadtteilen; geringer Handlungsbedarf (z.B. Sanierung) in den gut versorgten Stadtteilen
- Sprendlingen/Buchschlag: Aufgabe Sportplatz B3; Erhalt Sportgelände Maybachstraße; Nutzung des durch die Aufgabe der Laufbahn entstehenden Gestaltungsspielraums (zusätzliches Feld, andere Sportmöglichkeiten wie Beachanlage etc.); Anlage eines Kunstrasenfeldes durch Umbau einer bestehenden Anlage; Sanierung, qualitative Aufwertung (z.B. für die Kinder- und Jugendleichtathletik) und Öffnung der Schulsportstätten für den Freizeit- und Vereinssport; weiterhin Ausweisung des Sportgeländes Lettkaut – obwohl kurzfristig nicht realisierbar – als Entwicklungsfläche; wohnungsnaher Bewegungsraum bei Neubebauung des Geländes an der B3; Legalisierung, Sanierung und Aufwertung des informellen Bolzplatzes in Buchschlag
- Offenthal: Sanierung des Tennenplatzes bzw. Umwandlung in ein Kunstrasenfeld im Hinblick auf eine Optimierung der Auslastung und Gewährleistung einer ganzjährigen Nutzung; „Bewegungsmeile" zwischen Schule und Kindergarten
- Dreieichenhain: Strukturierung, Verknüpfung und ggfs. Erweiterung der vorhandenen Freizeit- und Erholungseinrichtungen an der „Breiten Haagwegschneise" zu einem vielfältigen Zentrum für Bewegung und Sport; bessere Pflege und Aufwertung der Spielfläche „Säuruh"

6.3.3 Hallen und Räume

Eine zunehmend wichtige Rolle im Sportleben einer Stadt spielen die überdachten Sportanlagen. Auch zu diesem Themenkomplex wurden auf der Basis der erhobenen Daten und Berechnungen Handlungsempfehlungen entwickelt.

Im Zentrum stand zu Beginn eine Bewertung der Berechnungsmodelle nach dem „Leitfaden für die Sportstättenentwicklungsplanung" (siehe Kapitel 5). Die vorgestellten Varianten gaben klare Anhaltspunkte für die anstehenden Entscheidungen.

Trendbeobachtungen deuten „auf einen steigenden Bedarf an kleineren Spiel- und Bewegungsräumen in Gymnastikraumgröße" hin (vgl. z.B. Koch, 1997, S.

30). Auch für Dreieich konnte aufgezeigt werden, dass rechnerisch eine Unterversorgung mit kleineren Räumen (Gymnastikräumen) besteht. Allerdings flossen in die Bestandserhebung nicht alle einfachen Räume ein, die für Sport und Bewegung nutzbar wären (z.b. fehlen kirchliche Räume, Kleingartenhalle etc.). Insgesamt sei daher nach Ansicht der Planungsgruppe von einer knapp ausreichenden Versorgung auszugehen.

Im Hinblick auf den rechnerischen Fehlbestand an Zwei- und Dreifachhallen wurde darauf hingewiesen, dass hier durch die Hallenbelegungskriterien schon steuernd eingegriffen werde. Da danach die Großsporthallen den Hallensportarten vorbehalten sind und Fußball auch in kleineren Hallen vorgesehen ist, konnte die Planungsgruppe keinen Bedarf an größeren Hallen ausmachen. Gleichzeitig relativierte sich dadurch jedoch die „Überversorgung" an Einfachhallen. Insgesamt wurde darauf hingewiesen, dass durch die Praxis der Hallenvergabe vor Ort entstehende Engpässe aufgefangen werden könnten.

Die Berechnungen nach dem „Leitfaden" geben nach dieser Betrachtung eher Anhaltspunkte für eine optimale Versorgung, die als langfristige Perspektive anzustreben ist. Insgesamt stellte die Planungsgruppe jedoch fest, dass angesichts der Möglichkeiten der Stadt und bei Voraussetzung von etwas organisatorischem Geschick die Versorgung der Stadt Dreieich mit Hallen und Räumen für Sport und Mehrzwecknutzung knapp ausreichend sei.

Auch Vergleiche mit der Versorgung anderer Städte führten zu dem Ergebnis, dass Dreieich über eine mittlere Ausstattung an Hallen und Räumen verfügt.

Tabelle 67: Hallen und Räume im Städtevergleich[41]

	Dreieich	Wetzlar	Kaufungen	Wiesbaden	Konstanz	Sindelfingen
Einwohner	43.380	53.009	12.895	271.299	78.659	60.689
Hallen und Räume	26	30	6	144	29	47
Gesamt-qm	10.917	16.273	2.498	49.696	12.493	18.789
qm pro Einwohner	0,25	0,31	0,19	0,18	0,16	0,31

Die Ergebnisse der Bevölkerungsbefragung, bei der die Turn- und Sporthallen auf Platz eins der fehlenden Räume für Sport und Bewegung liegen (vgl. Kapitel 4.6.2), und der Bedarfshierarchisierung der lokalen Experten, bei der eine höhere Kapazität an Turn- und Sporthallen als relativ wichtig eingestuft wird (vgl. Tabelle 65), ließen trotz der oben referierten Einschätzungen eine maßvolle

---

[41] Vergleichsdaten: Sindelfingen: Wieland et al., 2001b; Konstanz: Hübner & Pfitzner, 2001; Wiesbaden: Wetterich & Eckl, 2005b; Kaufungen: Rütten, Schröder & Möhwald, 2005; Wetzlar: Hübner, Pfitzner & Wulf, 2003.

Ergänzung der bestehenden Hallenstruktur als sinnvoll erscheinen. Dabei musste auch die unterschiedliche Verteilung der Hallen und Räume auf die einzelnen Stadtteile, die für Buchschlag und Offenthal eine relativ schlechte Versorgungslage ausweist, Berücksichtigung finden.

Tabelle 68: Hallen in Dreieich im Stadtteilvergleich

Ortsbezirk	Bevölkerung (30.06.04)	Fläche	qm/ Einwohner
Buchschlag	3.161	162	0,05
Dreieichenhain	8.728	2.281	0,26
Götzenhain	4.969	2.173	0,44
Offenthal	5.384	535	0,10
Sprendlingen	21.138	5.766	0,27
Gesamt	43.380	10.917	0,25

Auch die Versorgung der allgemeinbildenden und beruflichen Schulen mit überdachten Sportflächen ist in Dreieich rein rechnerisch gewährleistet. Allerdings entsprechen die Hallengrößen nicht immer den Erfordernissen. Langfristig ist nach Meinung der Planungsgruppe eine Hallenmindestgröße von 15x27 Meter/Klasse zu verwirklichen. Weiterhin wies die Planungsgruppe darauf hin, dass die Bedarfsdeckung nur unter dem Blickwinkel einer ganztägigen Belegung optimal sei, wenn also der Sportunterricht auf den ganzen Tag verteilt werden könne. Momentan stünden den Schulen insgesamt zu wenig Sportlehrer zur Verfügung, so dass der Sportunterricht hauptsächlich in den Vormittagsstunden ausgeübt werden müsse und es so teilweise zu Engpässen in der Versorgung mit geeigneten Problemen komme.

Weitere Handlungsempfehlungen sind:

- *Quantitative Versorgung mit Hallen und Räumen*:

  Angesichts von Ungleichgewichten in einzelnen Stadtteilen und mangelnder Funktionalität einzelner Anlagen Ergänzungsbedarf an Hallen und Räumen in den Stadtteilen Buchschlag und v.a. in Offenthal; Prüfung, ob kurzfristig die Nutzung von anderen Räumen wie z.B. den Kindergarten-Mehrzweckräumen möglich ist; mittel- bis langfristig erneute Überprüfung des Bedarfs an kleineren Räumen auf der Basis einer komplettierten Bestandserhebung; perspektivisch Behebung der Engpässe an kleineren Räumen auch durch Anbauten an bestehende Hallen („Rucksacklösung") bzw. durch die Nutzung bisher anders genutzter Räume; Unterstützung von Initiativen der Sportvereine zur Errichtung vereinseigener Sporträume, die auch von den Schulen genutzt werden können.

- *Sanierungsbedarf und Öko-Check der vereinseigenen Hallen und Räume*:
  Systematische Erfassung des baulichen, technischen und sportfunktionalen Zustandes der vereinseigenen Turn- und Sporthallen; Erstellung eines Sanierungskonzeptes mit entsprechenden Prioritäten; Berücksichtigung von Ergänzungs- und Erweiterungsmöglichkeiten (z.B. Gymnastikräume, andere Räume, Kletterwände etc.); gleichzeitig Durchführung eines Öko-Checks (Untersuchungen zum Wasser- und Energieverbrauch sowie zum Wärmebedarf) für jede Anlage in Zusammenarbeit mit dem Landessportbund Hessen.[42]
- *Modellprojekte*:
  Langfristig Durchführung einzelner innovatorischer Modellprojekte (z.B. Bewegungslandschaft, Kletterwand, Turn-Mehrzweckhalle) an ausgesuchten Standorten (z.B. Ergänzungen in den Räumlichkeiten von Kindertagesstätten).

6.3.4 Organisationsstrukturen des Sports

Ein großer Vorteil des kooperativen Planungsverfahrens besteht darin, dass neben dem klassischen Feld der Sportstättenplanung auch die Angebots- und Organisationsstrukturen des kommunalen Sports zunehmende Beachtung finden (vgl. Kapitel 2.1.2). Auch zur Bearbeitung dieses Themenschwerpunktes standen vielfältige Daten zur Verfügung, unter anderem die Bedarfshierarchisierung der lokalen Experten (siehe Tabelle 69).

Durch die Bedarfssammlung und -hierarchisierung konnten unterschiedliche thematische Schwerpunkte identifiziert werden. Ein erster Bereich umfasste die Formen der Kooperation zwischen den verschiedenen Institutionen und den Sportvereinen. Fragen der Zusammenarbeit wurden von den Planungsgruppenmitgliedern insgesamt mit wichtig bis sehr wichtig bewertet. Ein weiterer Themenkomplex beschäftigte sich mit der Verbesserung der Informations- und Öffentlichkeitsarbeit, wobei v.a. die Verbesserung der Informationen über das sportliche Angebot im Mittelpunkt steht. Der dritte Themenbereich, der auf der Ebene der Organisationsstrukturen angesprochen wurde, war die Optimierung der Sportstättenbelegung und die Überarbeitung der Sportförderung. Ein letzter Bereich thematisierte die Frage der Öffnung von Sport- und Bewegungsräumen.

---

[42] Ausführlicher zum Öko-Check vgl. Landessportbund Hessen (2004)

Tabelle 69: Bedarfshierarchisierung Organisationsstrukturen

Bedarf	MW
Kooperation der Sportvereine mit Schulen	4,7
Qualifizierung der Übungsleiter	4,6
Kooperation der Sportvereine mit Kindergärten	4,6
Öffnung der Schulhöfe für sportliche Aktivitäten	4,5
Reduzierung der Leerzeiten bei Sportanlagen / Einrichtungen	4,5
Koordinierung von Sportangeboten, speziell im Jugendbereich	4,4
Kooperation der Sportvereine mit der Stadtverwaltung	4,4
verbesserte Information über Sportangebot und –veranstaltungen	4,4
Kooperation der Sportvereine untereinander	4,3
Verbesserung der Kommunikation zwischen allen relevanten Gruppen	4,3
Information über Sportanlagen verbessern	4,3
mehr Verantwortung für die Vereine für die Sportanlagen	4,3
Anpassung der Pachtverträge	4,2
Aufwertung des Ehrenamtes im Sport	4,2
Überarbeitung vorhandener Sportwegweiser und Pläne	4,2
Kooperation von Vereinen mit gleichen Sportangeboten, z.B. Fußball	4,2
Kooperation der Sportvereine mit anderen Institutionen	4,1
kommunale Unterstützung in der Kommunikation (Aushänge etc.)	4,1
Öffnung des Frei- und Hallenbades für sportliche Nutzung (Vereine)	4,0
Verwaltungsvereinfachung Kommune – Verein	4,0
Öffnungszeiten der Anlagen flexibler gestalten	4,0
Gesprächskreis Sport	3,9
Kinderstadtplan	3,9
Belegungszeiten für Freizeitsportler in Hallen und Freiflächen	3,7
Interessenvertretung für Freizeitsportler	3,5
höhere Förderung durch Kommune für Vereinseigentum	3,3
Haus der Vereine (Verwaltungs- und Veranstaltungsräume)	3,0
Zentralisierung des organisierten Sports in den Stadtteilen	3,0
Hallennutzung zum Nulltarif	2,7

Mittelwerte; Wertebereich von (1) unwichtig bis (5) wichtig

Zu diesen vier Bereichen wurden zusätzliche Informationen sowie Beispiele aus anderen Städten gegeben. Für die Entwicklung von Maßnahmenkonzepten im Bereich „Kooperation" war z.B. zunächst ein Überblick über die Vereinsstruktur in Dreieich (siehe Kapitel 3.2) von Bedeutung. Ergebnisse der Bevölkerungsbefragung, die den Wunsch der Bevölkerung nach einer verstärkten Zusammenarbeit der Sportanbieter belegen (vgl. Kapitel 4.7.1), und Erkenntnisse der in Wiesbaden durchgeführten Vereinsbefragung, die auf einer allgemeineren Ebene den Stand der Zusammenarbeit und die Bereitschaft der Sportvereine zur Kooperation diskutieren (vgl. Wetterich & Eckl, 2005, S. 71-73), stellten wichtige zusätzliche Informationsquellen dar. Auf dieser Basis konnten anhand von Arbeitspapieren und Thesen Handlungsempfehlungen zu den vorgestellten Themenbereichen erarbeitet werden.

Handlungsempfehlungen:

- *Kooperation zwischen den Sportvereinen*:

    Ausweitung der vorhandenen Kooperationen im Bereich Übungs- und Spielbetrieb (z.b. durch bessere Abstimmung der Termine der Sport- und Bewegungsangebote), Einübung und Intensivierung der Vereinskooperation durch konkrete gemeinsame Projekte oder durch die gemeinsame Beschäftigung von Übungsleitern bzw. Trainern; Einrichtung einer gemeinsam von mehreren Vereinen getragenen Kindersportschule (vgl. Kapitel 6.3.5); Forcierung der Durchführung gemeinsamer (Kurs-) Angebote, engere Zusammenarbeit in Verwaltungsfragen (Austausch von Fachwissen z.B. in Finanz- oder Steuerfragen, Internetseiten, EDV-Schulung); Öffnung eines Teils der (Freizeitsport-) Angebote für Mitglieder aus anderen Dreieicher Sportvereinen; Einführung eines Sportpasses für Mitglieder und Nichtmitglieder, der zum Mitmachen an bestimmten Angeboten (Kinder-, Jugend-, Senioren und Freizeitsport) der Dreieicher Sportvereine berechtigt; mittel- bis langfristig Schaffung von größeren Organisationseinheiten, um das umfangreiche Sportangebot in Dreieich aufrecht zu erhalten; perspektivisch Verringerung der Anzahl der Sportvereine in Dreieich (Fusionen).

- *Stadtverband für Sport*:

    Mittelfristig Gründung eines Stadtverbandes für Sport als Interessenvertretung aller Dreieicher Sportvereine gegenüber Stadtverwaltung und Kommunalpolitik und als erster Ansprechpartner im Bereich „Sport"; in einem ersten Schritt Durchführung einer Informationsveranstaltung für alle Sportvereine in Dreieich; Durchführung der Gründung nur dann, wenn ein Großteil der Dreieicher Sportvereine dieser Idee positiv aufgeschlossen ist.

- *Kooperation zwischen Kindergärten und Sportvereinen*:

    Ausweitung der bestehenden Modelle der Zusammenarbeit zwischen Sportvereinen und Kindergärten auf alle Ortsteile (auch im Zusammenhang mit der Einrichtung einer Kindersportschule (vgl. Kapitel 6.3.5); Durchführung von Informationsveranstaltungen für Erzieherinnen und Erzieher über die Bedeutung von Bewegung und Sport; Einrichtung eines regelmäßig tagenden Runden Tisches mit den Schulsportkoordinatoren, den Kindergärten und den Sportvereinen hinsichtlich einer besseren Absprache z.B. bezüglich der Nutzung von Sportstätten.

- *Kooperation zwischen Schulen und Sportvereinen*:
  Verstärkte Kooperation der Sportvereine mit den Schulen (insbesondere den Grundschulen), gerade auch im Zuge der Diskussion um Ganztagesschulen oder Ganztagesbetreuung (keine Konkurrenz zur pädagogischen Arbeit der Sportlehrfachkräfte); Einladung zu Gesprächen durch die Stadtverwaltung.

- *Sportstättenbelegung*:
  Weitgehende Beibehaltung der bisherigen Praxis der Sportstättenbelegung; Veröffentlichung des Kriterienkatalogs zur Herstellung von Transparenz; Kontrolle der Besetzung und des Zustandes der Hallen durch die Hausmeister; Diskussion einer mittel- bis langfristigen Ausweitung der bestehenden Nutzungsgebühren.

- *Öffnung von Sportanlagen*:
  Öffnung von Teilen (vor allem die Zusatzflächen) der Außensportanlagen für den nicht-vereinsgebundenen Sport; Erprobungsphase in einem Modellprojekt.

- *Informations- und Öffentlichkeitsarbeit*:
  Abgestimmtes Konzept (Stadt Dreieich: städt. Internetseiten, Sportwegweiser, Stadtfernsehen – Sportanbieter: vereinseigene Internetseiten, Vereinsbroschüren, Presseartikel, Zielgruppeninformationen); zielgruppenorientierte Aufbereitung der Sportangebote anzustreben (z.B. Angebote für Kinder, Jugendliche, ältere Menschen, Freizeitsportsportangebote).

  Im Einzelnen: Poster und Plakatwände der Sportvereine in den Schulen und an den Ortseingängen; Überprüfung und jährliche Aktualisierung des bestehenden Sportwegweisers der Stadt Dreieich; Informationen für Neubürger; Einrichtung eines zentralen Sportportals für alle Sportanbieter auf der Internetseite der Stadt; jährliche Durchführung eines „Tages des Sports" mit wechselnden Schwerpunktthemen (z.B. Kindersport, Seniorensport, Gesundheitssport); Aufnahme des Themas „Sport" in die monatlichen Pressekonferenzen der Stadt zur Darstellung der öffentlichen Bedeutung des Sports sowie seiner gesellschaftlichen Funktionen.

- *Sportförderung*:
  Überarbeitung der kommunalen Sportförderung unter den Aspekten der Gender-Gerechtigkeit und der Belange der Sportvereine mit vereinseigenen Anlagen; Einbeziehung der Dreieicher Sportvereine in die Ausarbeitung der Förderrichtlinien.

6.3.5 Angebotsstrukturen

Ein letzter Themenschwerpunkt bezog sich auf die Optimierung der Angebotsstrukturen des Sports in Dreieich. Dabei stehen – wie die Ergebnisse der Bevölkerungsbefragung belegen – insbesondere Freizeit-, Gesundheits- sowie Zielgruppen- und Kursangebote zunehmend im Fokus der Betrachtung (vgl. auch Kapitel 4). Dies belegt auch die Bedarfshierarchisierung der Planungsgruppenmitglieder (vgl. Tabelle 70):

Tabelle 70: Bedarfshierarchisierung Angebote

Bedarf	MW
Angebote für Senioren	4,4
Kursangebote im Gesundheitssport	4,3
Ausbau des Freizeitsportangebots in den Vereinen	4,3
Sportangebote im Kindergarten	4,1
alters/generationsübergreifende Angebote für Sport und Spiel	3,9
betreutes Angebot (Experten, die anleiten)	3,8
mehr organisierte Lauftreffs	3,3
Inlineangebote durch Sportvereine	3,0
Badminton	2,9
Events im Breitensport, z.B. Minitriathlon	2,7

Mittelwerte; Wertebereich von (1) unwichtig bis (5) wichtig

Bei der Diskussion über zukunftsorientierte Angebote rückte auf Wunsch der Mitglieder der Gruppe das Konzept „Kindersportschule" (KISS) des Schwäbischen Turnerbundes, das als Diskussionsvorlage für eine Optimierung des Kindersports in den Dreieicher Vereinen dienen sollte, in den Vordergrund. Folgende Handlungsempfehlungen konnten insgesamt zum Themenkomplex „Angebote" verabschiedet werden:

Handlungsempfehlungen:

- *Kindersportschule (KISS)*: Durchführung einer Informationsveranstaltung / eines Workshops, wo verschiedene Organisationsmodelle von Kindersportschulen vorgestellt werden und Experten über ihre Erfahrungen berichten; Erprobung eines Angebots für die 4-7jährigen, das sich am Curriculum der Kindersportschule orientiert, über einen bestimmten Zeitraum; Vorbereitung der Gründung einer von den Vereinen getragenen und qualifiziert geführten (Sportpädagoge/-in als Leiter/-in) Kindersportschule in Dreieich.

- *Bewegungserziehung im Kindergarten und in der Grundschule*: Einrichtung eines Arbeitskreises „Bewegungserziehung im Kindergarten und in der Grundschule mit Vertreter/-innen aus verschiedenen Bereichen (z.B.

Schule, Kindergärten, Elternverbände, Vereine, Schulverwaltung) zur Förderung von Sport und Bewegung im Kindergartenalter.

- *Sportangebote in Brennpunkten*: Einrichtung eines finanziell von der Stadt unterstützten Sportangebots für Kinder und Jugendliche in sozialen Brennpunkten gemeinsam mit Polizei, Streetworkern und Sportvereinen (beispielsweise in Form eines Mitternachtssportangebotes).
- *Verbesserung der Informationen* über das vielfältige Sportangebot für ältere Menschen in Dreieich (z.B. im Sportwegweiser oder in den Lokalzeitungen); bessere Abstimmung der Termine von ähnlichen Seniorensportangeboten (in Zusammenhang mit der Einführung des „Sportpasses").
- *Seniorensportschule:* Einrichtung einer Seniorensportschule, die ein speziell abgestimmtes, sportartübergreifendes und unter ärztlicher Aufsicht stehendes Angebot und Bewegungstraining für verschiedene Teilgruppen (von den „jungen Alten" bis zu den „Hochbetagten") vorhält, das sich zumindest zum Teil über Kursgebühren finanziert.
- *Qualifizierung von Übungsleiter/-innen* für Sport- und Bewegungsangebote für ältere Menschen in enger Kooperation der Sportvereine mit dem Ziel, dass speziell qualifizierte Übungsleiter/-innen in mehreren Vereinen tätig sind.
- *Durchführung einer Großveranstaltung* zum Thema „Sport im Alter" nach Vorbild des Programms des Landessportbundes Hessen „MuMM 50" (Maßvoll und Motiviert Mitmachen ab 50) in Dreieich; Vorbereitung von einer Gruppe bestehend aus Sportvereinen, Ärzten, Seniorenverbänden und Wohlfahrtseinrichtungen.
- *Öffnung bestimmter Angebote* der Vereine im Freizeit- und Gesundheitssport (z.B. Fitnessgymnastik, Lauftreffs, Nordic Walking etc.) für die Abonnenten des Sportpasses (Voraussetzung ist auch hier die terminliche Abstimmung der Angebote).
- *Prüfung neuer Angebote* (z.B. Badminton, Kraftsport, Boxen für schwierige Jugendliche in Zusammenarbeit mit der Jugendhilfe / Polizei, Selbstverteidigung für Mädchen und Frauen, Beach-Volleyball, Inline-Treff mit integrierter Technikschulung) durch die Sportvereine.
- *Freizeitsportangebote mit Event-Charakter* (z.B. jährliches Beachvolleyballturnier).

7 Fazit und Ausblick

7.1 Zur Bewertung der Handlungsempfehlungen

Wirft man abschließend einen Blick auf die verabschiedeten Handlungsempfehlungen, wird deutlich, dass diese dem eingangs formulierten Leitbild der „sport- und bewegungsgerechten Stadt" in großen Teilen entsprechen.

Dies bedeutet für den Bereich der Infrastruktur, dass die konzipierten Maßnahmen sich nicht mehr wie früher auf die Berechnung des Raumbedarfs an normierten regulären Sportstätten beschränken, sondern alle Ebenen von Sport- und Bewegungsräumen (dezentrale und wohnortnahe Grundversorgung mit Sport-, Spiel- und Bewegungsräumen; Bewegungs- und Begegnungszentren für den Freizeitsport in den einzelnen Stadtteilen; reguläre Sportstätten für den Freizeit-, Wettkampf- und Spitzensport) umfassen. Damit folgt die Planungsgruppe dem heute von der Sportwissenschaft favorisierten Ansatz, Bewegungsräume und Sportstätten für alle unterschiedlichen Interessen- und Altersgruppen zur Verfügung zu stellen und zu einer „sport- und bewegungsgerechten Stadt" zu vernetzen.

Will man die einzelnen Maßnahmen bewerten, müssen sie an den Handlungsleitlinien bzw. Gestaltungsprinzipien gemessen werden, die auf der Grundlage interdisziplinärer theoretischer Überlegungen und langjähriger Erprobung in der Praxis formuliert wurden (vgl. beispielsweise Wetterich & Maier, 2000, S. 17). Sowohl in der Umgestaltung von Schulhöfen als auch in der Planung multifunktionaler Sport- und Freizeitareale manifestiert sich exemplarisch der Wille der Planungsgruppe, vielfältige, veränderbare, offene, altersübergreifende und erlebnis- und bewegungsintensive Sport- und Bewegungsräume zur Verfügung zu stellen und damit einer in der Sportwissenschaft und -praxis immer wieder erhobenen Forderung Rechnung zu tragen. Durch die Umsetzung der erarbeiteten Maßnahmen kann daher eine zeitgemäße und zukunftsorientierte Sportinfrastruktur entstehen.

Die größte Herausforderung auf dem Gebiet der Infrastruktur stellt zweifelsohne eine Neuordnung und qualitative Aufwertung der bestehenden Sportaußenanlagen und Freizeitspielfelder dar. Dies bezieht sich einerseits auf die Aufgabe des Sportplatzes an der B3.[43] Aus der Bestands-Bedarfs-Anlyse für Außensportanlagen (vgl. Kapitel 5.2) geht hervor, dass die Stadt Dreieich insgesamt mit Großspielfeldern überversorgt ist. Die Aufgabe des Sportplatzes an der B3 ist damit vertretbar, soll jedoch nach dem Willen der Planungsgruppe durch kompensie-

---

[43] Ein Aspekt der Beauftragung der Sportentwicklungsplanung war die Frage, ob ein Sportplatz („Sportplatz an der B3") aufgegeben und für Wohnbebauung umgewidmet werden kann.

rende qualitative Maßnahmen an anderen Orten in Sprendlingen begleitet werden. Wird dies beachtet, ergibt sich für den Stadtteil die Zukunftschance, z.B. durch die Neuordnung des Geländes an der Maybachstraße, durch die Öffnung und Aufwertung der Kleinspielfelder an den Schulen oder die bewegungsfreundliche Gestaltung der Schulhöfe eine bedarfs- und zukunftsorientierte Sportinfrastruktur zu erhalten.

Eine weitere Maßnahme, die dem beobachtbaren Wandel des Sports Rechnung trägt, ist die Neustrukturierung der Leichtathletikanlagen. Die Konzentration der normiert und wettkampfmäßig betriebenen Leichtathletik auf einer Anlage bei gleichzeitiger Stärkung dezentraler kleinerer Anlagen verdeutlicht, dass hier ein abgestimmtes Konzept von Zentralität und Dezentralität vertreten wird, das dem Wettkampfsport im Verein nach wie vor ausreichend Trainingsmöglichkeiten bereit stellt, aber gleichzeitig der Schulung motorischer Grundtätigkeiten im Kinder- und Schulsport und dem informellen Sporttreiben ausreichend Bewegungs- und Entwicklungschancen ermöglicht.

Eine perspektivische Konzentration des Fußballsports, die auf einer Kooperation der fußballtreibenden Vereine beruhen muss, ist zwar in den Handlungsempfehlungen angedacht, aber höchstens mittel- bis langfristig in Angriff zu nehmen. Eine Konzentration auf weniger Vereine könnte neben einer Bündelung der Kräfte auch neue Perspektiven für die Infrastruktur – gerade in den überdurchschnittlich versorgten Stadtteilen Offenthal, Götzenhain und Dreieichenhain – nach sich ziehen und neuen Sportarten und Sportlergruppen Zugang zu den Sportplätzen verschaffen. In diesem Zusammenhang ergäbe sich – nach einer eingehenden Prüfung, ob die Stadt Dreieich diese Sportart langfristig zu einem Schwerpunkt ausbauen und damit auch fördern will – vielleicht dann auch mittelfristig die Chance, für den Baseballsport auf einem frei werdenden Gelände eine Spielstätte zu schaffen.

Insgesamt formulieren die Handlungsempfehlungen auf dem Gebiet der Infrastruktur Schritte, die in die richtige Richtung führen. Es bleibt zu hoffen, dass sie nicht nur in Einzelfällen umgesetzt werden. Denn nur in ihrer Gesamtheit sind sie in der Lage, die Stadtentwicklung mit dem Ziel einer sport- und bewegungsgerechten Stadt voranzutreiben.

Das Ziel einer kooperativen kommunalen Sportentwicklungsplanung, im Zuge des Wandels des Sports, der auch eine Ausdifferenzierung der Organisationsformen des Sports und eine Veränderung der Bedingungen kommunaler Sportpolitik beinhaltet, verstärkt eine Optimierung der Organisationsstrukturen in den Fokus der Planung zu rücken, wurde in Dreieich erreicht. Gerade in diesem Bereich besteht die Chance, die vorhandenen Strukturen des Sports in einer

Kommune auf mögliche Verbesserungspotenziale zu überprüfen und die bestehenden Ressourcen im Sinne von Nachhaltigkeit besser zu nutzen.

Auf der Ebene der Organisation erarbeiteten die Mitglieder der Planungsgruppe Maßnahmen zu mehreren Aspekten, die zentrale Eckpfeiler auf dem Weg hin zu einer „sport- und bewegungsgerechten Stadt" darstellen. Erwähnt werden sollen hier der Aspekt einer Optimierung der Marketing- und Öffentlichkeitsarbeit, der vor dem Hintergrund der in vielen Sportverhaltensstudien nachgewiesenen Diskrepanz zwischen dem vorhandenen Sportangebot und der Informiertheit der Bevölkerung über dieses Angebot besondere Relevanz erhält. Aber auch die Überlegungen zur Sportstättenbelegung, zur Öffnung von Sportanlagen oder zur Sportförderung greifen wichtige Diskussionslinien einer kommunalen Sportentwicklungsplanung auf.

Auf die Bedeutung der Kooperationen soll im Folgenden gesondert eingegangen werden. Gerade eine bessere Koordination und Abstimmung des überaus umfangreichen Angebots an Sportinhalten und Sportanbietern in Dreieich bietet die Chance einer qualitativen Aufwertung des Sports. Insofern empfiehlt die Planungsgruppe die Ausweitung der Kooperation der Sportvereine untereinander und der Zusammenarbeit der Vereine mit anderen Institutionen.

Beide Teilaspekte haben vor dem Hintergrund der aktuellen Entwicklungen besondere Relevanz und nehmen insbesondere den organisierten Sport in die Pflicht, kompromissbereit und innovativ neue und zukunftsorientierte Wege zu gehen. Dieser Prozess wird selbstredend intensive Diskussionen nach sich ziehen, ist doch so manches Selbstverständnis der Sportvereine in Frage oder gar in Abrede gestellt. Dennoch ist dieser Prozess in der heutigen Zeit konsequent zu verfolgen.

Die Sportvereine sind aufgrund der durch die empirische Erhebung belegten Tatsache, dass die Mehrheit der Bürgerinnen und Bürger in Dreieich ihrer sportiven Tätigkeit außerhalb des Vereins nachgeht, mehr als zuvor aufgefordert, ihre gesellschafts-, gesundheits- und sozialpolitischen Funktionen als Basis ihrer finanziellen Förderung zu begründen. Dies bekräftigen sie z.B. durch enge Kooperationen mit Schulen und Kindergärten, durch innovative Angebote (vgl. Kapitel 6.3.5) oder durch den Willen, Ressourcen gemeinsam zu nutzen. Durch den Ausbau der Zusammenarbeit der Sportvereine (z.B. Öffnung und Abstimmung der Angebote, Einführung eines Sportpasses) werden entscheidende Weichen für eine zukunftsorientierte Organisationsstruktur des Sports in Dreieich gestellt.

Da eine umfassende Sportentwicklungsplanung neben der Infra- und Organisationsstruktur gleichermaßen die Angebotsstruktur in den Mittelpunkt der Betrachtungen rückt, hat die kooperative Planungsgruppe zu diesem Themenkomplex

Handlungsempfehlungen erarbeitet, die programmatischen Charakter haben und verschiedene Zielgruppen umfassen. Alle diese Empfehlungen reagieren angemessen auf den Wandel des Sports in den letzten Jahrzehnten und sind bei Verwirklichung bestens dazu geeignet, neue Impulse sowohl für den organisierten wie auch den nicht-organisierten Sport zu geben.

Aus externer Sicht soll auf zwei wichtige Punkte explizit hingewiesen werden:

Der erste wichtige Baustein bei der Angebotsverbesserung in Dreieich ist die Konzentration auf die Zielgruppe der Kinder und Jugendlichen. Vielerorts beklagen Wissenschaftler und Praktiker aus Schule und Verein die zunehmende Bewegungsarmut und die motorischen Mängel von Kindern (vgl. exemplarisch Bös, 2003). Dieser sich reduzierenden Bewegungsvielfalt gilt es entschlossen entgegenzutreten. Sport, Spiel und Bewegung sind integraler Bestandteil der körperlichen, geistigen und seelischen Entwicklung eines Menschen. Daher sollten bereits im Kindergarten und in der Grundschule Sport und Bewegung fest integriert sein, um zu einer ganzheitlichen motorischen Schulung von Kindern beizutragen. Defiziten im Bewegungsverhalten von Kindern kann aber nicht alleine in öffentlichen Institutionen begegnet werden, sondern den Eltern muss ein entsprechendes Angebot von Vereinen und anderen Organisationen unterbreitet werden. Mit der Einrichtung einer Kindersportschule (KISS), wie sie in der Planungsgruppe angeregt wurde, ist Dreieich auf einem sehr guten Weg, Kindern eine übergreifende motorische Grundausbildung zu ermöglichen. Aus diesem Grund ist die Einrichtung eines solchen Angebots ausdrücklich zu befürworten, wobei anzustreben ist, dass diese Kindersportschule in Kooperation von mehreren Vereinen gegründet und betrieben wird.

Zum Zweiten soll aus externer Sicht die Zielgruppe der „Älteren" und damit die vielleicht wichtigste Zukunftsaufgabe des Sports hervorgehoben werden. Es ist fraglich, ob die Sportanbieter (Vereine und andere Anbieter) bisher auf die demographische Entwicklung, die in den nächsten Jahren zu erwarten ist, ausreichend vorbereitet sind. Die Rede ist davon, dass einerseits immer mehr Menschen sportlich aktiv älter werden (mancherorts wird auch von den „jungen Alten" gesprochen), andererseits immer mehr Ältere und Senioren immer weniger jungen Menschen gegenüberstehen. Sport- und Bewegungsangebote für Senioren dürfen keine separate Aufgabe für die Altenhilfeverbände oder für andere Einzelorganisationen sein, sondern müssen als gesellschaftliche Querschnittsaufgabe begriffen werden. Es genügt in Zukunft sicher nicht, vereinzelt Angebote für Ältere anzubieten, sondern es muss das Ziel sein, möglichst viele Organisationen und Institutionen, die mit Senioren arbeiten, bei der Gestaltung und Umsetzung eines schlüssigen Gesamtkonzepts zu beteiligen. Hierbei kommt auch den bestehenden Sportvereinen eine Schlüsselrolle zu. Sport und Bewegung im Alter, konsequent über eine Seniorensportkonzeption bzw. über die angedachte

„Seniorensportschule" verwirklicht, erfüllt wichtige gesundheitspolitische und sozial integrative Funktionen, da durch gemeinsames Sporttreiben der Gefahr der Vereinsamung und Isolation vom gesellschaftlichen Leben entgegengetreten werden kann.

7.2 Zur Bewertung des Planungsprozesses

Die „Kooperative Planung" in Form eines „runden Tisches" hat sich auch in Dreieich bewährt und zu überzeugenden Lösungen und innovativen Ergebnissen geführt. Der konsensual sowohl vereins- als auch parteiübergreifend erarbeitete Maßnahmenkatalog entspricht im Ergebnis dem Leitbild einer kooperativen Kommune, weil Bürgerinnen und Bürger in Zusammenarbeit mit kommunalen Stellen durch konstruktives Gegenseitigkeitshandeln und gemeinsames Beratschlagen integrative Problemlösungen gefunden haben. Die kompakte und ergebnisorientierte Durchführung des Planungsprozesses war in erster Linie möglich durch die angenehme und positive Arbeitsatmosphäre, die Bereitschaft zum Dialog sowie die außerordentlich hohe Sachkompetenz der Teilnehmer/-innen im Hinblick auf die lokale Sportsituation in Dreieich und die allgemeingültigen Wissensbestände zur Entwicklung des Sportsystems in Deutschland.

In der Planungsgruppe waren meinungsbildende Repräsentanten der Gruppen und Institutionen, die Sport und Bewegung in Dreieich fördern, versammelt. Ein Problem war die Fülle an Informationen, die von diesen Experten verarbeitet werden musste, und die Komplexität der Aufgabenstellung, die sich von gesamtstädtischen Entscheidungen bis zum spezifischen Blickwinkel der Stadtteile erstreckte. Dies führte u.a. dazu, dass die Moderatoren zum Teil Handlungsempfehlungen als Vorschläge für die Sitzungen vorformulierten und damit Steuerungsaufgaben übernahmen. Obwohl sich dadurch der Charakter des Kooperativen Planungsverfahrens tendenziell verändert und die direkte Beteiligung der Teilnehmer/-innen zeitweise in den Hintergrund rückt, hat sich diese Arbeitsform als problemadäquat erwiesen.

In Dreieich waren die wesentlichen Faktoren einer erfolgreichen Planungsarbeit, wie die ressortübergreifende Zusammenarbeit innerhalb der Stadtverwaltung, die relativ kontinuierliche Teilnahme der Mitglieder, die kompakte Durchführung des Prozesses oder die heterogene Zusammensetzung der Planungsgruppe, erfüllt. Eine enge Kooperation der zuständigen Fachbereiche wird insbesondere bei der Umsetzung der Maßnahmen von außerordentlicher Bedeutung sein. Eine permanente Abstimmung zwischen den unterschiedlichen Ressorts ist daher unbedingt auch in der Umsetzungsphase zu gewährleisten. Gleichzeitig wird es sinnvoll sein, die Teilnehmer/-innen in regelmäßigen Abständen zur Überprüfung der Umsetzung des Maßnahmenkatalogs zusammenzurufen bzw. eine (zahlenmäßig kleinere, aber in der heterogenen Zusammensetzung ähnliche) „Umsetzungskommission" mit gleicher Aufgabenstellung ins Leben zu rufen.

Allerdings wird dieses Vorgehen nur dann erfolgreich sein, wenn alle Beteiligten auch in Zukunft das Gespräch suchen und Kooperations- und Konsensbereitschaft signalisieren. Die Mehrheit der Planungsgruppenmitglieder hat den Wunsch geäußert, auch künftig aktiv an der Begleitung der Umsetzung dieser Handlungsempfehlungen mitzuarbeiten. Beim organisierten Sport sind Anzeichen einer verstärkten Zusammenarbeit bereits im Ansatz zu erkennen. Die Stadt Dreieich wäre daher gut beraten, den eingeschlagenen Weg der direkten Kommunikation mit den Bürgern fortzuführen und, ganz im Sinne einer Bürgerkommune, auch weiterhin aktiv nach gemeinsamen Lösungen zu suchen. Dies wird aber an einige Voraussetzungen gebunden sein.

Erstens sollten die Fachbereiche der Stadt Dreieich in Zukunft noch stärker miteinander kommunizieren. Auch wenn die Belange von Sport und Bewegung in verschiedenen Fachbereichen und Ressorts angesiedelt sind, sollte die Sportentwicklungsplanung deutlich gemacht haben, dass dieses Thema nur intersektoral anzugehen ist und als Gemeinschaftsaufgabe betrieben werden muss. Sportpolitik ist eine Querschnittsaufgabe, die viele Fachbereiche betrifft und daher einer eingehenden Abstimmung zwischen den Ämtern bedarf.

Zweitens muss nochmals deutlich herausgestellt werden, dass die Ergebnisse der Sportentwicklungsplanung Eingang finden müssen in einen Stadtentwicklungsplan. Sämtliche infrastrukturellen Maßnahmen bei den Sport- und Bewegungsräumen müssen einer stadtplanerischen Bewertung unterzogen und aufeinander abgestimmt werden. Klientelpolitik nach dem Motto, „wenn Sprendlingen etwas bekommt, müssen die anderen Ortsteile auch etwas bekommen", wird in Zukunft wegen der fehlenden finanziellen Mittel nicht mehr möglich sein. Daher muss auch die Kommunalpolitik den Mut beweisen, Entscheidungen unter dem Blickwinkel der Gesamtstadt und nicht unter der Ortsteile zu treffen.

Als Fazit kann festgehalten werden, dass sich das Modell der „Kooperativen Planung" auch in Dreieich als ein problemadäquates und effizientes Planungsverfahren bewährt hat. Die durchgeführten sozialwissenschaftlichen Erhebungen und die Ableitung von Handlungsempfehlungen durch eine heterogen zusammengesetzte Planungsgruppe mit Beteiligten aus den unterschiedlichsten gesellschaftlichen Bereichen geben den sportpolitischen Entscheidungen der nächsten Jahre eine Orientierung und bilden die Basis für die zukünftige Sportpolitik in Dreieich. Letztendlich wird erst die Umsetzung der empfohlenen Maßnahmen über den Erfolg des Projekts „Sport und Bewegung in Dreieich" entscheiden.

7.3 Die Einordnung des „Leitfadens" in das Verfahren der „Kooperativen Planung" – ein zukunftsorientiertes Modell für die kommunale Sportentwicklungsplanung

Das Dreieicher Projekt gibt durch die Verschmelzung der bisher weitgehend konkurrierenden Planungsverfahren des „Leitfadens für die Sportstättenentwicklungsplanung" und der „Kooperativen Planung" wesentliche Impulse für die praktische und wissenschaftliche Diskussion über geeignete Verfahren in der kommunalen Sportentwicklungsplanung.

Zwar wurde die Verbindung dieser Planungsansätze, bei der die Berechnungen nach dem „Leitfaden" als „Hintergrundinformationen bei der Prioritätensetzung und Festlegung konkreter Maßnahmen durch die Planungsgruppe genutzt werden" (Rütten, Schröder & Ziemainz, 2003, S. 17), bisher schon theoretisch postuliert[44] und in kleineren Orten erprobt (vgl. Rütten, Schröder & Krause, 2004; Rütten, Schröder & Möhwald, 2005), allerdings noch nicht detailliert dargestellt und hinsichtlich der Konsequenzen diskutiert.

Die in Dreieich durchgeführten Bilanzierungen nach dem „Leitfaden", die sich alle an in der Literatur diskutierten Parametern und Berechnungsbeispielen orientieren, zeigen in aller Deutlichkeit die Bandbreite der Rechnungen und Ergebnisse auf, die sich mit einer Veränderung der wesentlichen Variablen ergeben.[45] Dies zeigt, dass eine isolierte Anwendung der Bedarfserhebung und -bilanzierung des „Leitfadens" im Sinne einer technokratischen Planung durch externe Experten an ihre Grenzen stoßen wird.

Zwar wird auch im „Leitfaden" die Methode der Bedarfserhebung und Bilanzierung in ein Verfahren der Sportentwicklungsplanung eingeordnet, das „unter Einbeziehung der Planungsakteure zu organisieren und durchzuführen" ist (Bach, 2005, S. 46; vgl. BISp, 2000, S. 31). Genauere Ausführungen über die konkrete Vorgehensweise dieses kooperativen Entscheidungsprozesses fehlen jedoch, „vertrauend darauf, dass Wissen und Erfahrung der Mitarbeiter des örtlichen Planungs- und Sportamtes ausreichend umfangreich sind, das örtlich angemessene Planungsverfahren zu organisieren und durchzuführen oder durch Beauftragung von gemeinde-externen Fachleuten durchführen zu lassen" (Bach,

---

[44] Rütten, Schröder & Ziemainz (2003) sprechen in diesem Zusammenhang von „integrierter Sportentwicklungsplanung".

[45] Unterschiedliche und wissenschaftlich zu hinterfragende Ergebnisse sind – wie beispielsweise Pitsch (2005) zeigt – in noch stärkerem Maße bei der Prognose des Sportanlagenbedarfes nach dem „Leitfaden" zu konstatieren. Die im „Leitfaden" getroffenen Annahmen z.B. zur prognostischen Fortschreibung der Aktivenquote oder der Präferenzfaktoren (vgl. BISp, 2000, S. 43) sind demnach kritisch hinsichtlich ihrer Prämissen und damit auch in Bezug auf ihren Nutzen für die Praxis der kommunalpolitischen Entscheidungsfindung zu hinterfragen (vgl. Pitsch, 2005, S. 329/330).

2005, S. 46; vgl. auch Rütten, Schröder & Ziemainz, 2003, S. 79). So bleibt das für das hier vertretene Planungsmodell charakteristische „Herzstück" kommunaler Planung, das kooperative Verfahren, im „Leitfaden" vage und beliebig. Es gerät damit im Vergleich zur quantitativen Bestands-Bedarfs-Bilanzierung allzu oft in den Hintergrund.

Wenn kommunale Sportentwicklungsplanung jedoch auf eine quantitative Bilanzierung von Sportstätten reduziert wird, werden typische Probleme linearer, hierarchisch strukturierter Planungsverfahren und Steuerungsmodelle virulent, insbesondere das Akzeptanz-, das Informations- und das Komplexitätsproblem (vgl. Görlitz, 1995, S. 39-40). Die politische Steuerungstheorie hat schon seit längerer Zeit darauf hingewiesen, dass lineare Planungsverfahren „allem Anschein nach die hochkomplex strukturierten modernen Verhältnisse" (Martinsen, 1992, S. 51), und dies trifft auch für das Politikfeld Sport zu, verfehlen (vgl. auch Thiel, 1997, S. 17).

Insgesamt stellt der „Leitfaden" in isolierter Anwendung trotz seines komplizierten Prozederes einen unterkomplexen Ansatz dar: Er fokussiert auf normierte Sportstätten und rückt Fragen des Neu- oder Rückbaus bzw. der Sanierung dieser Sportstätten in den Vordergrund. Andere wesentliche Fragen kommunaler Sportentwicklungsplanung, wie etwa die informellen Bewegungsräume, die Qualität von Sportstätten oder die Angebots- und Organisationsstrukturen, die auch aus Sicht der Bevölkerung heute eine herausragende Bedeutung für Sport und Bewegung besitzen, können durch die Berechnungen nicht erfasst werden (vgl. Wetterich, 2002, S. 17-19; Eckl, Gieß-Stüber & Wetterich, 2005, S. 44).

Gleichzeitig hat das Dreieicher Projekt die Relevanz und Qualität der Methode der Bedarfsberechnung nach dem „Leitfaden" für den Fall bestätigt, dass sie in den Rahmen kooperativer Planungsverfahren (oder zumindest in umfassende Diskussionen mit den sportpolitisch Verantwortlichen) eingebunden wird. Unter Verzicht auf die von technologischen Sichtweisen beeinflusste Vorstellung, dass durch den „Leitfaden" unter Anwendung allgemein gültiger Parameter ein einziges, objektives Ergebnis zur Unter- bzw. Überversorgung einer Kommune an Sportstätten möglich ist, bietet der „Leitfaden" wissenschaftlich abgesicherte Daten für die Diskussionen innerhalb der kooperativen Planungsgruppe.

Wie an den verschiedenen Berechnungsvarianten abzulesen ist, kann durch die Veränderung von bestimmten Parametern das Ergebnis der Bilanzierung stark variieren. Begreift man diese Parameter als Stellschrauben der kommunalen Sportpolitik, erscheint es unverzichtbar, sowohl die einzelnen Parameter als auch die möglichen Berechnungsvarianten vor Ort zu diskutieren und auf der Basis des lokalen Expertenwissens zu interpretieren. Die Anwendung des „Leitfadens für die Sportstättenentwicklungsplanung" ist nach den Erfahrungen des

Dreieicher Projektes nur in Verbindung mit kooperativen Planungsansätzen sinnvoll. Allgemeiner formuliert auch Bach (2005, S. 55): „Der BISP-Leitfaden ist eine Orientierungshilfe und erfordert als solche die situative Anpassung und Ausgestaltung seiner Aussagen. Insofern unterliegt der Leitfaden immer einer fachmännischen Interpretation wie auch Modifikation in jedem einzelnen Planungsfall."

Auch das Modell der „Kooperativen Planung" gewinnt durch die Anwendung des „Leitfadens" maßgeblich an Qualität. Dies bezieht sich einerseits darauf, dass der „Leitfaden" von der Sportministerkonferenz der Länder als Grundlage für Sportentwicklungsplanungen empfohlen wurde und daher auf einer politischen Ebene von großer Bedeutung ist. Andererseits stellen die Bilanzierungen nach dem „Leitfaden" gerade in größeren Städten empirisch gestützte Orientierungsdaten für die Teilnehmer der kooperativen Planungsgruppen dar. Die verhaltens- und bedarfsgesteuerten Berechnungen sind in der Lage, den Vorwurf „einer empirisch ungenügend abgesicherten und vielleicht ... zu sehr durch Partialinteressen geprägten Ist-Analyse" im Konzept der Kooperativen Planung (Wopp, 2003, S. 32) weitgehend zu entkräften. Die dem Modell der „Kooperativen Planung" zum Teil vorgeworfene Gefahr der Beliebigkeit in der Bedarfsbestimmung und Maßnahmenkonzipierung, die sich durch die Zusammensetzung der Planungsgruppe und spezifische Sichtweisen einzelner Teilnehmer ergeben kann, wird durch die Anwendung des „Leitfadens" zumindest stark eingeschränkt.

Insgesamt stellt die Integration des „Leitfadens" in die kooperative Planungsmethodik ein zukunftsfähiges Modell kommunaler Sportentwicklungsplanung dar. Durch die Verknüpfung von rechnerisch ermittelten Wissensbeständen mit dem Wissen vor Ort bietet dieses Vorgehen Schutz vor der kritiklosen Akzeptanz scheinbar objektiver Berechnungsergebnissen auf der einen, vor der Überbewertung subjektiver Meinungen und Interessen auf der anderen Seite. Insgesamt wird der Gegenstand der Sportentwicklungsplanung durch dieses Vorgehen umfassend beleuchtet. Gerade die Verbindung der verschiedenen Sichtweisen und Methoden führt zu einem einheitlichen Konzept der kommunalen Sportpolitik.

8 Literatur

Atteslander, P. (2003). *Methoden der empirischen Sozialforschung* (10. Auflage). Berlin u.a.: de Gruyter.

Bach, L. (2001a). Sportstättenentwicklungsplanung - Der Leitfaden des BISp und seine Methodik. *Sportstätten und Bäderanlagen*, 1, M8-M13.

Bach, L. (2001b). Der neue Leitfaden für die Sportstättenentwicklungsplanung. In A. Hummel & A. Rütten (Hrsg.), *Handbuch Technik und Sport* (S. 301-312). Schorndorf: Hofman Verlag.

Bach, L. (2005). Sportentwicklungsplanung. *Sportwissenschaft* 35, 39-60.

Bach, L. & Zeisel, M. (1989). Sportgelegenheiten - Ein neues Maßnahmenkonzept in der kommunalen Sportentwicklungsplanung. *Das Gartenamt*, 38 (11), 659-666.

Balz, E. (1998). Sportgelegenheiten. *Sportpädagogik 22* (6), 5–9.

Balz, E. (2001). Sportgelegenheiten in Regensburg, Hamburg und anderswo. In J. Funke-Wienecke & K. Moegling (Hrsg.), *Stadt und Bewegung* (S. 372–378). Immenhausen: Prolog.

Balz, E., Brinkhoff, K.-P. & Wegener, K.(1994). Neue Sportarten in der Schule. *Sportpädagogik*, *18*, 2.

Bös, K. (2003). Motorische Leistungsfähigkeit von Kindern und Jugendlichen. In W. Schmidt, I. Hartmann-Tews & W.-D. Brettschneider (Hrsg.), *Erster Deutscher Kinder- und Jugendsportbericht* (S. 85–107). Schorndorf: Hofmann.

Bortz, J. & Döring, N. (1995). *Forschungsmethoden und Evaluation für Sozialwissenschaftler* (2. Auflage). Berlin: Springer.

Breuer, C. & Rittner, V. (2002). *Berichterstattung und Wissensmanagement im Sportsystem. Konzeption einer Sportverhaltensberichterstattung für das Land Nordrhein-Westfalen*. Köln: Verlag Sport und Buch Strauß.

Breuer, G. (1997). *Sportstättenbedarf und Sportstättenbau - Eine Betrachtung der Entwicklung in Deutschland (West) von 1945 bis 1990 anhand der baufachlichen Planung, öffentlichen Verwaltung und Sportorganisation*. Köln: sb 67 Verlagsgesellschaft mbH.

Bundesinstitut für Sportwissenschaft (Hrsg.) (1991a). *Leitfaden für die Sportstättenentwicklungsplanung (Vorabzug). Band 1: Planungsmethoden*. Köln: sb 67 Verlagsgesellschaft mbH.

Bundesinstitut für Sportwissenschaft (Hrsg.) (1991b). *Leitfaden für die Sportstättenentwicklungsplanung (Vorabzug). Band 2: Arbeitsunterlagen für die Planung*. Köln: sb 67 Verlagsgesellschaft mbH.

Bundesinstitut für Sportwissenschaft (Hrsg.) (2000). *Leitfaden für die Sportstättenentwicklungsplanung*. Schorndorf: Hoffmann.

Deutscher Sportbund (Hrsg.) (1992). *Goldener Plan Ost*. Frankfurt/Main: DSB.

Eckl, S. (2003). *Kommunale Sportförderung in Baden-Württemberg - Auswertung einer Umfrage im Auftrag der Arbeitsgemeinschaft Kommunaler Sportämter / Arbeitsgemeinschaft Deutscher Sportämter (Landesgruppe Baden Württemberg).* Zugriff am 14.April.2004 unter http://www.kooperative-planung.de/download/sportfoerderung.pdf

Eckl, S. (2006). *Kommunale Sportförderung in Baden-Württemberg. Stand, Entwicklung und Perspektiven* (Reihe Sportentwicklungsplanung und Politikberatung, Band 4). Münster: Lit (im Erscheinen).

Eckl, S., Gieß-Stüber, P. & Wetterich, J. (2005). *Kommunale Sportentwicklungsplanung und Gender Mainstreaming. Konzepte, Methoden und Befunde aus Freiburg* (Reihe Sportentwicklungsplanung und Politikberatung, Band 1). Münster: Lit.

Eckl, S.& Schrader, H. (2004). *Sport und Bewegung in Remseck am Neckar.* Stuttgart: Institut für Kooperative Planung und Sportentwicklung.

Eckl, S., Schrader, H. & Wetterich, J. (2005). Kooperative Sportentwicklungsplanung - die Zukunft des kommunalen Sports planen. In P. Guggemos & A. Thielen (Hrsg.), *Bürgermeister Handbuch. Professionelles Kommunal-Management* (S. 1-17). Band 1, Abschnitt 4-2.6. Augsburg: Kognos.

Eulering, J. (1986). Sportstätten – Zur Entwicklung der Bewegungsumwelt. In Deutscher Sportbund (Hrsg.), *Die Zukunft des Sports. Materialien zum Kongress Menschen im Sport 2000.* Schorndorf: Hofmann.

Eulering, J. (1998). Sportstätten im Gespräch - Erfahrungen mit der Umsetzung von "Goldenen Plänen". In A. Rütten & P. Roßkopf (Hrsg.), *Raum für Bewegung und Sport. Zukunftsperspektiven der Sportstättenentwicklung* (S. 11-18). Stuttgart: Naglschmid.

Gabler, H., Klenk, C., Nagel, S. & Zinsmeister, M. (2003). *Sportstätten, Vereins- und Freizeitsport in Rottenburg am Neckar.* (Beiträge zur Stadtentwicklung Rottenburg am Neckar, Bd. 20). Rottenburg am Neckar: Stadt Rottenburg.

Gabler, H. & Nagel, S. (2001): *Kommunale Sportentwicklungsplanung. Rahmenbedingungen für einen Sportstättenleitplan. Projektbericht.* Tübingen: Institut für Sportwissenschaft.

Geissler, R. & Meyer, Th. (Hrsg.). (2002). Struktur und Entwicklung der Bevölkerung. In Geissler, R. (Hrsg.), *Die Sozialstruktur Deutschlands* (S. 49-80). Wiesbaden: Westdeutscher.

Görlitz, A. (1995). *Politische Steuerung.* Opladen: Leske & Budrich.

Hartmann, D. (2000). Leitfaden für die Sportstättenentwicklungsplanung. In Landessportbund Hessen (Hrsg.), *Zukunftsorientierte Sportstättenentwicklung* (S. 15-18). Aachen: Meyer & Meyer.

Heinemann, K. & Schubert, M. (1994). *Der Sportverein.* Schorndorf: Hofmann.

Holm, K. (1986). *Die Befragung I.* (3. Aufl.). Tübingen: Franke.

Hübner, H. (1994a). Von lokalen Sportverhaltensstudien zur kommunalen Sportstättenentwicklungsplanung - Hinweise zur gegenwärtigen Situation. In H. Hübner, (Hrsg.), *Von lokalen Sportverhaltensstudien zur kommunalen Sportstättenentwicklungsplanung* (S. 5-14). Münster: Lit.

Hübner, H. (1994b). Zur Relevanz aktueller empirischer Sportverhaltensstudien für die kommunale Sportentwicklungsplanung. In H. Hübner (Hrsg.), *Von lokalen Sportverhaltensstudien zur kommunalen Sportstättenentwicklungsplanung* (S. 42-73). Münster: Lit.

Hübner, H. (2001). *Sporttreiben in Mannheim*. Münster: Lit.

Hübner, H. (2003). Sportstättenentwicklung in Deutschland - Notizen zur gegenwärtigen Situation. *dvs-Informationen*, 18 (2), 21-25.

Hübner, H. & Kirschbaum, B. (1997). *Sportstättenatlas der Stadt Münster. Bestandsaufnahme der Münsteraner Sportstätteninfrastruktur*. Münster: Lit.

Hübner, H. & Langrock, B. (1994). Sportstättenentwicklungsplanung in westdeutschen Kommunen - Ergebnisse einer empirischen Studie. In H. Hübner, (Hrsg.), *Von lokalen Sportverhaltensstudien zur kommunalen Sportstättenentwicklungsplanung* (S. 15-41). Münster: Lit.

Hübner, H. & Pfitzner, M. (2001). *Grundlagen der Sportentwicklung in Konstanz. Sporttreiben - Sportstättenatlas - Sportstättenbedarf*. Münster: Lit.

Hübner, H., Pfitzner, M. & Wulf, O. (2002). *Grundlagen der Sportentwicklung in Rheine. Sportstätten. Sportstättenatlas. Sportstättenbedarf*. Münster: Lit.

Hübner, H., Pfitzner, M. & Wulf, O. (2003). *Grundlagen der Sportentwicklung in Wetzlar. Sportverhalten - Sportstättenatlas - Sportstättenbedarf*. Münster: Lit.

Hübner, H. & Voigt, F. (2004). Zum Stand der kommunalen Sportentwicklung in Deutschland. Ergebnisse der empirischen Untersuchung der Mitglieder der Arbeitsgemeinschaft Deutscher Sportämter (ADS) 2003 - eine Trendstudie. *Gemeinde und Sport*, o.Jg. (2), 7–44.

Hübner, H. & Wulf, O. (2004). *Grundlagen der Sportentwicklung in Bremen. Sportverhalten - Sportstättenatlas - Sportstättenbedarf*. Münster: Lit.

Kirschbaum, B. (2003). *Sporttreiben und Sportverhalten in der Kommune. Möglichkeiten der empirischen Erfassung des lokalen Sportverhaltens als Basis kommunaler Sportstättenentwicklungsplanung*. Münster: Lit.

Koch, J. (1997). *Zukunftsorientierte Sportstättenentwicklung. Ein Orientierungshandbuch für Vereine und Kommunen* (Hrsg.: Landessportbund Hessen - Reihe Zukunftsorientierte Sportstättenentwicklung, Band 1). Aachen: Meyer & Meyer.

Klopfer, M. & Wieland, H. (1995). Ein Sportplatz für die ganze Familie. Von monofunktionalen Sportanlagen zu vielfältig nutzbaren Spiel- und Bewegungsräumen. *Spielraum*, 16, 312-318.

Köhl, W. (1998). Verhaltensorientierte Sportentwicklungsplanung. In A. Rütten & P Roßkopf (Hrsg.), *Raum für Bewegung und Sport. Zukunftsperspektiven der Sportstättenentwicklung* (S. 21–36). Stuttgart: Naglschmid.

Köhl, W. & Bach, L. (1998). *Sportentwicklungsplan der Stadt Buchholz in der Nordheide.* Reutlingen / Nürnberg: Eigenverlag.

Kromrey, H. (1991). *Empirische Sozialforschung* (5.Aufl.). Opladen: Leske & Budrich.

Landessportbund Hessen (Hrsg.) (2004). *Öko-Check in Sportanlagen – Analysen und Beispiele.* Frankfurt am Main: Landessportbund Hessen.

Lischka, D. (2000). *Sportgelegenheiten in Regensburg. Ein sportpädagogischer Beitrag zur Konzeption und Empirie der Sportstättenentwicklung.* Dissertation, Universität Regensburg. Zugriff am 27.Februar 2003 unter http://www.bibliothek.uni-regensburg.de/opus/volltexte/2001/50/pdf/sportdiss.pdf

Martinsen, R. (1992). Theorien politischer Steuerung. Auf der Suche nach dem dritten Weg. In K. Grimmer, J. Häusler, S. Kuhlmann & G. Simonis (Hrsg.), *Politische Techniksteuerung.* Opladen: Leske & Budrich.

Melchinger, H. & Wiegmann, Chr. (1994). *Sportentwicklung in Görlitz. Sportstättenbedarfe und Handlungsempfehlungen für die kommunale Sportpolitik.* Hannover: IES.

Nagel, S., Conzelmann, A. & Gabler, H. (2004). *Sportvereine. Auslaufmodell oder Hoffnungsträger? Die WLSB-Vereinsstudie.* Tübingen: Attempto.

Pitsch, W. (2005). „Brauchbare" und „unbrauchbare" Verkürzungen bei der Sportstättenentwicklungsplanung. *Sportwissenschaft* 35, 310-331.

Porst, R. (2001). *Wie man die Rücklaufquote bei postalischen Befragungen erhöht.* Zugriff am 22. August 2003 unter http://www.gesis.org/Publikationen/Berichte/ZUMA_How_to/

Rittner, V. (2003a). *Der Einfluss gesellschaftlicher Trends auf den Sport.* Zugriff am 08. September 2003 unter http://www.sport-gestaltet-zukunft.de

Rittner, V. (2003b). Für eine Erneuerung der kommunalen Sportpolitik. Das Ideal einer innovativen kommunalen Sportpolitik. *Der Städtetag,* 7-8, 27 - 31.

Rütten, A. (2001). Sportverhalten und Sportstättenplanung. In A. Hummel & A. Rütten (Hrsg.), *Handbuch Technik und Sport* (S. 253–266). Schorndorf: Hofmann.

Rütten, A. (2002a). Kommunale Sportentwicklungsplanung. Ein empirischer Vergleich unterschiedlicher Ansätze. *Sportwissenschaft* 32, 80 - 94.

Rütten, A. (2002b). Aktivitäten und Sportarten. In J. Dieckert & C. Wopp (Hrsg.), *Handbuch Freizeitsport* (S. 111-112). Schorndorf: Hofmann.

Rütten, A., Schröder, J. & Krause, K. (2004). *Lokale Agenda 21 und kommunale Entwicklungsplanung für Sport, Spiel, Freizeit und Erholung in der Stadt Griesheim.* (Hrsg.: Landessportbund Hessen - Zukunftsorientierte Sportstättenentwicklung, Berichte 14). Frankfurt: Landessportbund Hessen (CD-Rom).

Rütten, A., Schröder, J. & Möhwald, M. (2005). *Sportentwicklungsplan der Gemeinde Kaufungen*. (Hrsg.: Landessportbund Hessen - Zukunftsorientierte Sportstättenentwicklung, Berichte 19). Frankfurt: Landessportbund Hessen (CD-Rom).

Rütten, A., Schröder, J. & Ziemainz, H. (2003). *Handbuch der kommunalen Sportentwicklungsplanung*. (Hrsg.: Landessportbund Hessen - Reihe Zukunftsorientierte Sportstättenentwicklung, Band 14). Frankfurt: Landessportbund Hessen.

Schemel, H.-J. & Strasdas, W. (Hrsg.). (1998). *Bewegungsraum Stadt. Bausteine zur Schaffung umweltfreundlicher Sport- und Spielgelegenheiten*. Aachen: Meyer & Meyer.

Schnell, R., Hill, P. & Esser, E. (1993). *Methoden der empirischen Sozialforschung* (4. Aufl.). München/Wien: Oldenbourg.

Schwark, J. (1994). Kritische Anmerkungen zur Ermittlung von Sportaktivenquoten. In D. Jütting & P. Lichtenauer (Hrsg.), *Bewegungskultur in der modernen Stadt: Bericht über die 1. Münsteraner Sommeruniversität* (S. 279-287). Münster: Lit.

Sportministerkonferenz (SMK) (2002). *Beschlüsse/Empfehlungen der 24. Sportministerkonferenz der Länder am 19./20. Oktober 2000 Potsdam*. Zugriff am 20. Januar 2006 unter http://www.sportministerkonferenz.de/dateien/24.20SMK(1).pdf.

Thiel, A. (1997). *Steuerung im organisierten Sport. Ansätze und Perspektiven*. Stuttgart: Naglschmid.

Wetterich, J. (2002). *Kooperative Sportentwicklungsplanung - ein bürgernaher Weg zu neuen Sport-, Spiel- und Freizeitanlagen* (Hrsg.: Landessportbund Hessen - Reihe Zukunftsorientierte Sportstättenentwicklung, Band 12). Aachen: Meyer & Meyer.

Wetterich, J. & Eckl, S. (2005a). *Sportvereine in Wiesbaden. Eine empirische Studie im Rahmen der Sportentwicklungsplanung für die Landeshauptstadt Wiesbaden* (Reihe Sportentwicklungsplanung und Politikberatung, Band 2). Münster: Lit.

Wetterich, J. & Eckl, S. (2005b). *Sportentwicklungsplanung Wiesbaden*. Stuttgart: Institut für Kooperative Planung und Sportentwicklung.

Wetterich, J., Eckl, S., Hepp, T. & Schrader, H. (2001). *Sportentwicklungsplanung Fellbach*. Stuttgart: Universität Stuttgart, Institut für Sportwissenschaft.

Wetterich, J., Eckl, S. & Hepp, T. (2002). *Sport und Bewegung in Tuttlingen*. Stuttgart: Universität Stuttgart, Institut für Sportwissenschaft.

Wetterich, J. & Klopfer, M. (2000). Bedarfsermittlung und Kooperative Planung. In J. Wetterich & W. Maier (Red.), *Familienfreundlicher Sportplatz* (S. 19-27). Stuttgart: Württembergischer Fußballverband.

Wetterich, J. & Maier, W. (2000). *Familienfreundlicher Sportplatz*. Stuttgart: Württembergischer Fußballverband.

Wetterich, J. & Wieland, H. (1995). Von der quantitativen zur qualitativen Sportstättenentwicklungsplanung - Das Modellprojekt "Familienfreundlicher Sportplatz". *Olympische Jugend*, 40, 6 12-17.

Wieland, H. (2000). Theoretische Überlegungen. Die neuen Wirklichkeiten im Sport. In J. Wetterich & W. Maier (Red.), *Familienfreundlicher Sportplatz* (S. 10-13). Stuttgart: Württembergischer Fußballverband.

Wieland, H. & Rütten, A. (1991a). *Sport und Freizeit in Stuttgart.* Stuttgart: Naglschmid.

Wieland, H. & Rütten, A. (1991b). Freizeitsport im Jahr 2000. *Der Gemeinderat,* 34.

Wieland, H. & Rütten, A. (1991c). *Kommunale Freizeitsportuntersuchungen. Theoretische Ansätze - Methoden - Praktische Konsequenzen.* Stuttgart: Naglschmid.

Wieland, H., Wetterich, J., Klopfer, M. & Schrader, H. (2001a). *Agenda 21 und Sport: Spiel-, Sport- und Bewegungsräume in der Stadt. Aspekte einer zukunftsorientierten Infrastrukturplanung von Sportstätten unter dem Leitbild einer menschengerechten Stadt.* (Hrsg.: Landessportbund Hessen - Reihe Zukunftsorientierte Sportstättenentwicklung, Band 10). Aachen: Meyer & Meyer.

Wieland, H., Wetterich, J., Seidenstücker, S., Schrader, H., Fleischle-Braun. C. & Eckl, S. (2001b). *Sportentwicklungsplanung Sindelfingen 2000plus.* Stuttgart: Universität Stuttgart, Institut für Sportwissenschaft.

Wieland, H., Eckl, S., Fleischle-Braun, C., Schrader, H. & Seidenstücker, S. (2002). *Sportentwicklungsplanung Esslingen a.N.* Stuttgart: Universität Stuttgart, Institut für Sportwissenschaft.

Wopp, C. (2002). Selbstorganisiertes Sporttreiben. In J. Dieckert & C. Wopp (Hrsg.), *Handbuch Freizeitsport* (S. 175-184). Schorndorf: Hofmann.

Wopp, C. (2003). Perspektiven der Sportentwicklung. *dvs-Informationen* 18 (2), 30–33.

Sportentwicklungsplanung und Politikberatung

hrsg. vom Institut für Kooperative Planung und Sportentwicklung

Stefan Eckl; Petra Gieß-Stüber; Jörg Wetterich
Kommunale Sportentwicklungsplanung und Gender Mainstreaming
Konzepte, Methoden und Befunde aus Freiburg
Der Wandel des Sports und die sich verschärfende Finanzkrise stellen die Städte und Gemeinden vor neue Herausforderungen in der kommunalen Sportpolitik. Dieses Buch zeigt am Beispiel der Stadt Freiburg auf, wie durch ein bürgerbeteiligendes Verfahren (Kooperative Planung) ein Handlungskonzept für die zukünftige Sportentwicklung in einer Großstadt erarbeitet wird. Dabei werden neben der Infrastruktur für Sport und Bewegung auch die Angebots- und Organisationsformen des Sports beleuchtet. Ein besonderes Augenmerk liegt dabei auf dem Thema Gender Mainstreaming, welches erstmals in Deutschland in die kommunale Sportentwicklungsplanung eingebracht wird.
Bd. 1, 2005, 232 S., 29,90 €, br., ISBN 3-8258-9109-7

Jörg Wetterich; Stefan Eckl
Sportvereine in Wiesbaden
Eine empirische Studie im Rahmen der Sportentwicklungsplanung für die Landeshauptstadt Wiesbaden
Die Sportvereine sehen sich angesichts des dynamischen Strukturwandels der Gesellschaft und des Sports in jüngster Zeit mit vielfältigen Problemlagen konfrontiert, die ihr Selbstverständnis, ihre Leitbilder und ihre Organisationsstrukturen betreffen. Die vorliegende Studie thematisiert die Situation und die Entwicklungsmöglichkeiten der Sportvereine in Wiesbaden. Diskutiert werden Fragen der Vereins-, Mitglieder-, Personal-, Finanz-, Anlagen- und Angebotsstruktur sowie die Außenbeziehungen der Vereine und ihre Rolle in der Kommunalpolitik. Eine Grundintention der Studie darin, eine direkte Verknüpfung zu sport- und sozialpolitischen Diskussionen herzustellen.
Bd. 2, 2005, 88 S., 17,90 €, br., ISBN 3-8258-8906-8

LIT Verlag Münster – Berlin – Hamburg – London – Wien
Grevener Str./Fresnostr. 2 48159 Münster
Tel.: 0251 – 62 032 22 – Fax: 0251 – 23 19 72
e-Mail: vertrieb@lit-verlag.de – http://www.lit-verlag.de